Gautama Buddha
Worte lebendiger Stille

Gautama Buddha

Worte lebendiger Stille

Herausgegeben von
Ludger Hohn-Morisch

FREIBURG · BASEL · WIEN

INHALT

Einleitung	7
1 Buddha *Der Erwachte*	13
2 Sich zum Wesen neigen *Versenkung*	55
3 Befreiung *Weg und Wahrheit*	71
4 Mögen alle Wesen glücklich sein *Herzensbildung*	101
5 Wer weise zu heißen ist *Rechter Lebenswandel*	131
Anhang	151

EINLEITUNG

»Lebte jemand hundert Jahre lang, ohne ein Wissen über die himmlische Lehre, so wäre demgegenüber ein einziger Tag, da sie ihm ins Ohr klingt, unendlich reicher« – eines der bleibend wahren Worte des Gautama Buddha, die nichts an lebensweisheitlicher, Leben erleuchtender Kraft verloren haben, vor zweieinhalbtausend Jahren gesprochen; Buddha lebte etwa in der Zeit 560 bis 480 v. Chr. in Nordostindien.

»Die Eisschränke sind austauschbar. Auch das Haus. Und die Frau. Und die Religion. Und der Mann. Und die Partei. Man kann nicht einmal mehr untreu sein. Wem sollte man untreu werden? Wovon weit weg und wem untreu? Wüstenei des Menschen. Ich hasse meine Epoche aus ganzer Seele. Der Mensch stirbt in ihr vor geistigem Durst. Ach, Herr General, es gibt nur ein Problem, ein einziges in der Welt. Wie kann man den Menschen eine geistige Bedeutung, eine geistige Unruhe wiedergeben; etwas auf sie herniedertauen lassen, was einem gregorianischen Gesange gleicht! Sehen Sie, man kann nicht mehr leben von Eisschränken, von Politik, von Bilanzen und Kreuzworträtseln. Man kann es nicht mehr. Man kann nicht mehr leben ohne Poesie, ohne Farbe, ohne Liebe« – Worte wie eine Brücke zwischen zwei Erfahrungen, zeitlich schier unendlich entfernt voneinander und doch von gleichem Wesen: jene Worte des großen Wissenden und Religionsstifters, diese des 1944 verstorbenen großen Schriftstellers *Antoine de Saint-Exupéry*, unabhängig von Zeit und Raum, aus dem zu sich selbst erwachten Herzen des Menschen kommend und nur aus ihm her zu erfühlen.

Jener junge Fürstensohn, Prinz Siddhārta aus dem Geschlecht der Shākya, lebte in nichts entbehrendem Luxus. Dieser Sohn des Fürsten Shuddhodana soll Nachfolger werden, Fürst und Mitglied der zweitgrößten Kaste der Kṣatryas. Dies bedeutete zur damaligen Zeit – so wird in vielen legendarischen Erzählungen betont, dass neben dem Leben in unvorstellbarem Luxus dem künftigen Nachfolger eine umfassende Ausbildung in Waffentechnik und Kriegshandwerk zukommt. »Sicherlich ist eine solche Beschreibung, wie es der buddhistische Mythos will, im Grunde nicht falsch, aber mit einer bestimmten Absicht – nämlich der des Abhebens von dem Leben danach – bunt schillernd überzeichnet … Unbestreitbar ist«, (so sagt die Geschichtsforschung), »dass der junge Siddhārta nicht so ausschließlich und andauernd den angenehmen Seiten des Lebens frönen konnte, wie es die spätere Legendenbildung wissen will« (Erhard Meier).

Sicher ist, dass der Fürstensohn – auf welche Weise auch immer – nicht den Weg wählte, der ihm zugedacht war. In ihm erwachte das Sehnen nach Wahrhaftigkeit, nach Identität, nach Echtheit, die ganz andere Wurzeln haben als ein auf äußeren Sicherheiten aufgebautes Leben. Sein Entschluss, die Aussicht auf ein fürstliches Leben mit dem eines Asketen zu tauschen, wird ihm nicht leicht gefallen sein, hatte er doch zur Zeit seines tiefsten Erwachens eine eigene Familie. Seine prophetische Berufung muss letztlich ein Geheimnis bleiben, das all die großen Gottsucher umgibt, die ihren vorgezeichneten Lebensweg auf solch konsequente Weise wie Buddha (»der Erwachte«) verlassen haben und dem göttlichen Ruf gefolgt sind.

Wer kann bestreiten, dass wir heute in einer verblüffend ähnlich anmutenden Zeit leben, das heißt mit einer ähnlichen Lebensthematik, im großen Weltgeschehen wie im Leben der Einzelnen – im Aufbruch eines neuen Erwachens? »Fürstentümer« zerfallen, kämpfen ums Überleben, um letzte Reste, hart und mörderisch, als ginge es nur im Außen um Sein oder Nichtsein. Meist noch sehr still vollzieht sich heute in mehr und mehr Menschen ein Erwachen, aufgerüttelt von der wahrhaft Leben entscheidenden, zutiefst existenziellen und spirituellen Frage nach Sein oder Nichtsein, nach dem, wofür es sich wahrhaft zu leben lohnt. Und dies hat mit Unendlichkeit zu tun, mit einem Wissen, das nicht von dieser Welt ist, aber doch für unsere Welt, damit du und ich – um des Unendlichen und um des Menschen willen – entdecken und leben, wer wir sind und wozu wir hier sind.

Diesem großen Ziel des Buddha folgend, wurden die erfahrungstiefen Texte dieses Buches bewusst aus heutigem Sprachverständnis entsprechenden Übersetzungen ausgewählt, um möglichst zu vermeiden, mit unverständlichen Wendungen Mühe zu haben. Wer die zeitlos wahren Worte Buddhas liest und meditiert – ob Buddhist oder Christ oder wer immer: Hier mögen die Kraft und universelle Liebe des heilen Ursprungs, der in jedem Menschen anwest, in lebendiger Stille erwachen.

Ludger Hohn-Morisch

1
BUDDHA

Der Erwachte

Die Seligpreisungen des Buddha

Selig ist, wer ohne Hass lebt, obwohl Hass und Lieblosigkeit ringsumher walten.

Selig ist, wer ohne Verblendung ist, obwohl die Welt verblendet dahinsiecht.

Selig ist, wer frei atmen kann, weil er das nimmersatte Raffen aufgegeben hat, obwohl die Welt voller Gier sich selber frisst.

Selig ist, wer die Armut gewählt hat, denn ihn durchströmt beseligend-göttliche Heiterkeit.

LB 9

Der Löwenruf

Zur Abendzeit, ihr Mönche, tritt der Löwe, der König der Tiere, aus seiner Höhle hervor. Hat er seine Lagerstätte verlassen, so reckt er sich, und aufgerichtet blickt er nach allen den vier Himmelsrichtungen. Während er so nach allen vier Seiten Ausschau hält, lässt er dreimal den Löwenruf erschallen, und nachdem er dreimal sein Brüllen erhob, geht er auf Beute aus.

Alle die Tiere, die den Ruf des grollenden Herrn des Wildes hören, werden von Furcht, Erregung und Zittern übermannt. Die in Höhlen hausen, verkriechen sich in ihre Löcher, die im Wasser wohnen, flüchten in die Gewässer, die Waldbewohner suchen den Dschungel auf, und die Vögel erheben sich in den Luftraum.

Auch die Elefanten des Königs, ihr Mönche, die in den Dörfern und Städten und königlichen Residenzen mit festen Banden gefesselt sind, zerreißen diese Fesseln, zersprengen sie, und Kot und Urin von sich lassend, laufen sie hierhin und dorthin.

Von solcher Macht, ihr Mönche, ist der Löwe, der König des Wildes unter allem Getier, von solch unbändiger Gewalt, von solcher Majestät.

Ebenso wahrlich geschieht es auch, wenn ein Vollendeter in der Welt erscheint, ein Heiliger, völlig Erwachter, der mit Wissensmacht begabt und rechtem Tun, auf gutem Weg geht, ein Weltenkenner, der unvergleichliche Lenker von dem, was im Menschen bezähmt werden muss, der Lehrer von Göttern und Menschen, der Buddha, der Erhabene. Dieser verkündet die Lehre:

»So ist das Körperliche, so ist das Entstehen des Körperlichen, so sein Vergehen. So ist das Empfinden. So ist das Unterscheidungsvermögen. So sind die Triebkräfte. So ist das Bewusstsein, so das Entstehen des Bewusstseins, so das Vergehen des Bewusstseins.«

Auch jene Götter vom langen Leben, voll Schönheit und vielfältigem Glück, die in erhabenen Wohnungen ein langes Dasein verbringen, wenn sie die Verkündigung der Lehre durch den Vollendeten vernehmen, so werden die meisten von ihnen von Furcht, Erregung und Zittern übermannt, und sie erkennen: »Ach, wir sind unbeständig, die wir glaubten von Dauer zu sein. Wir sind wandelbar, die wir uns für beständig hielten. Und die wir wähnten ewig zu sein, wir sind in Wahrheit vergänglich.«

Von solch großer Macht über die Welt samt ihren Göttern, von solch unbegrenzter Gewalt, von solcher Majestät ist der Vollendete.

RB 13 f.

MEINE WISSENSKRAFT ist wie diese:
Des Wissens Glanz strahlt unmessbar,
Das Leben ist zahllose Weltzeitalter.
In langem Üben habe ich dieses Karma
    erlangt.
Ihr alle, die ihr das Wissen habt,
Lasst nicht Zweifel aufkommen
Und schneidet sie geradewegs ab, dass
    (dieses Karma) in langer Fortdauer sich
    erschöpfen kann.
Buddha spricht Worte, die wahr und nicht
    falsch sind.
Wie der gute Arzt mit dem geschickten Mittel,
Um die verwirrten Söhne zu heilen,
In Wirklichkeit lebt, aber sagt, dass er
    gestorben ist,
Und niemand sagt, dass er lügt,

So sage auch ich, der Vater der Welt,
Der alle aus Leid und Not rettet,
Um der verdrehten Weltleute willen,
Dass ich erloschen bin, obwohl ich in Wahrheit lebe.
Denn wenn sie mich beständig sähen,
Erzeugten sie Hochmut und ein begehrliches Herz,
Ließen sich gehen und erhöben die fünf Begierden,
Sie fielen auf den bösen Pfad.
Ich kenne die Lebewesen, ob sie auf dem Weg gehen oder nicht …
Beständig denke ich darüber nach:
»Wie kann ich die Lebewesen veranlassen,
In das höchste Wissen einzugehen
Und rasch in der Buddhaschaft erfüllt zu werden?«

JL 129 f.

Seitdem ich die Buddhaschaft erlangt habe,
Sind vergangen eine Zahl von Weltzeitaltern,
Unermesslich Hunderte von Tausenden von Zehntausenden
Von Millionen, unzählige.
Beständig predige ich das Gesetz, lehre und verwandle.
Zahllose Millionen von Lebewesen
Veranlasse ich, auf den Buddhaweg zu gehen,
Und unermessliche Weltzeitalter lasse ich,
Der ich gekommen für die Befreiung der Menschen,
Mit dem geschickten Mittel (upāya) das Nirwana sehen.
Aber in Wahrheit bin ich nicht erloschen und hinübergegangen.
Beständig bin ich hier und predige das Gesetz.
Ich bin beständig hier
Und mit meiner überirdisch durchdringenden Kraft
Veranlasse ich die Lebewesen, die verwirrt sind,

Dass sie mich, obwohl ich nahe bin, nicht sehen.
Wenn alle sehen, dass ich erloschen und hinübergegangen,
Werden sie weithin meine Reliquien (Asche) verehren.
Alle zusammen werden Liebe und Sehnsucht im Busen hegen;
Und sie werden dürsten und aufschauen im Herzen.
Wenn dann alle sich willig im Glauben hingegeben haben,
Ihre Natur unbefangen und ihre Gesinnung nachgiebig,
Und sie mit ganzem Herzen wünschen, den Buddha zu sehen,
Und sich nicht um den eigenen Körper kümmern,
Dann werde ich mit der gesamten Mönchsgemeinde
Auf dem Geierspitzberg* erscheinen.
Ich werde zu der Zeit zu den Lebewesen sprechen,

Dass ich beständig hier sei und nicht erlösche. JL, 129 ff.

EINES TAGES kam ein Mann zum Buddha, um ihn etwas zu fragen. Er sei schon seit geraumer Zeit sein Zuhörer, habe in den letzten Jahren fast alle Lehrreden mit angehört und dabei viele Mönche und Nonnen aus seinem Gefolge kennengelernt. Ihm falle auf, dass manche der Mönche und Nonnen, die dem Buddha schon seit einigen Jahren folgten und seinen Lehrreden zuhörten, sich um vieles gebessert hätten, sie seien sehr liebevolle, geduldige, mit einem Wort: wunderbare Menschen geworden. Andere, die schon genauso lange dabei seien, hätten sich überhaupt nicht verändert und einige sogar zu ihrem Nachteil: sie seien zänkisch geworden, ungeduldig und unangenehm. Wie lasse sich das erklären?

Der Buddha fragte den Mann nach seiner Heimatstadt. »Ich komme aus Rājagaha.« – »Gehst du noch manchmal zurück nach

Rājagaha?« fragte der Buddha weiter. – »Ja, sehr oft, ich habe dort Familie und Geschäft.« – »Du kennst den Weg dorthin also gut?« – »So gut, dass ich ihn sogar nachts im Dunkeln gehen kann.« – »Und wenn dich jemand fragt, wie er von hier nach Rājagaha kommt, kannst du es ihm erklären?« – »Ich glaube kaum, dass ein anderer es besser könnte.«

»Wenn du nun aber«, fuhr der Buddha fort zu fragen, »jemandem den Weg ganz genau erklärst, der aber bleibt hier in Benares – ist es dann deine Schuld, dass er nicht nach Rājagaha kommt?«

»Nein«, antwortete der Mann, »ich bin ja nur der Wegweiser, ich zeige ihm ja nur den Weg.«

»Ja«, sagte der Buddha, »genauso mache ich es!«

BG 75 f.

Wenn andere mich, meine Lehre oder Gemeinde schmähen, so sollt ihr darüber nicht Ärger, Entrüstung, Unwillen empfinden. Denn wenn ihr gegen solche zürnt und aufgebracht seid, erwächst euch daraus nur innere Hemmung … Darum, wenn andere mich, meine Lehre oder Gemeinde herabzusetzen suchen, dann mögt ihr das Falsche an ihrem Tadel als falsch zurückweisen und sagen: Aus dem und dem Grunde ist das falsch, aus dem und dem Grunde ist es unwahr, das trifft bei uns nicht zu, das entspricht bei uns nicht den Tatsachen.

Und wenn andere über mich, meine Lehre und Gemeinde Gutes reden, so sollt ihr darüber nicht frohlocken, keine Genugtuung oder Stolz empfinden. Denn wenn ihr darüber stolz und zufrieden seid, erwächst daraus nur innere Hemmung. In einem solchen Fall sollt ihr nur das Wahre als wahr anerkennen und sagen: Aus dem und dem Grunde ist das wahr, ist das richtig, trifft das bei uns zu, das entspricht den Tatsachen.

LB 36 f.

Die zehn Mönchsgebote

ABSTEHEN VON der Zerstörung von Leben
Abstehen vom Nehmen nicht-gegebener
  Dinge
Abstehen von unkeuschem Wandel
Abstehen von lügnerischer Rede
Abstehen vom Nehmen berauschender
  Getränke
Abstehen vom Essen zu ungehöriger Zeit
  Abstehen von Tanz, Musik, Gesang und
  von der Betrachtung von Schaustücken
Abstehen von Schmückung und Verschöne-
  rung des Leibes durch Verwendung von
  Kränzen, Gerüchen und Salben
Abstehen von der Benutzung einer bequemen
  Lagerstatt
Abstehen von der Annahme von Gold und
  Silber

LB 49

Die vier edlen Wahrheiten

DIE VIER EDLEN Wahrheiten sind die Grundlagen der buddhistischen Lehre. Es sind folgende Erkenntnisse des Buddha:

1. Das Dasein ist elend, unbefriedigend und dem Leiden unterworfen.

2. Leiden ist durch das alles Leiden und alle Wiedergeburt erzeugende Begehren bedingt. Ursache des Leidens ist Begehren.

3. Durch Erlöschung des Begehrens kommt es zur Erlöschung von Leiden und Wiedergeburt.

4. Die Mittel zur Erreichung der Erlöschung vom Leiden ist der edle achtfache Pfad.

Zur Verdeutlichung müssen einige Überlegungen angestellt werden, denn mit dieser nüchternen Darstellung ist noch nicht viel Klarheit gewonnen. Der Buddha gibt seine vorläufige Erläuterung so:

»Was aber, ihr Mönche, ist die edle Wahrheit vom Leiden? Geburt ist Leiden, Altern ist Leiden, Krankheit ist Leiden, Sterben ist Leiden, Kummer, Jammer, Schmerz, Trübsal und Verzweiflung sind Leiden; das Nichterlangen dessen, was man begehrt, ist Leiden; kurz gesagt: die fünf mit Anhaften verbundenen Gruppen des Daseins (khanda) sind Leiden (dukkha).

Was aber, ihr Mönche, ist die edle Wahrheit von der Leidensentstehung? Es ist jenes Wiederdasein erzeugende, von Lust und Gier begleitete, bald hier bald dort sich ergötzende Begehren (taṇha), nämlich das sinnliche Begehren, das Daseinsbegehren, das Selbstvernichtungsbegehren.

Was aber, ihr Mönche, ist die edle Wahrheit von der Leidenserlöschung? Es ist eben dieses Begehrens restloses Erlöschen, Aufgeben, Loslassen, Befreiung und Loslösung davon.

Was aber, ihr Mönche, ist die edle Wahrheit von dem zur Leidenserlöschung führenden Pfad? Es ist jener edle, achtfache Pfad, nämlich:

1. Rechte Erkenntnis
   (*Einsicht*)
2. Rechte Gesinnung
   (*Einsicht*)

3. Rechte Rede
   (Sittlichkeit)
4. Rechte Tat
   (Sittlichkeit)
5. Rechter Lebenserwerb
   (Sittlichkeit)
6. Rechte Anstrengung
   (Sammlung)
7. Rechte Achtsamkeit
   (Sammlung)
8. Rechte Sammlung
   (Sammlung).«

EM 66 f.

Der Rinderhirt

Ein Rinderhirt, der elf Eigenschaften aufweist, kann unmöglich seine Herde hüten und gedeihen lassen. Welche sind das? Der Hirt kennt die Leibesart nicht, er versteht die Lebensweise der Tiere nicht, er wehrt das Schädliche nicht ab, verbindet nicht die Wunden, kann kein Feuer anmachen, kennt keine Furt, kennt keine Quelle, kennt auch keinen Steig, und kennt endlich keine Weide, er melkt übermäßig, und er schenkt den Stieren, den Vätern und Führern der Herde, keine besondere Aufmerksamkeit.

Ebenso kann ein Mönch, der elf Eigenschaften aufweist, unmöglich in diesem Orden der Wahrheit zum Gedeihen gelangen, zur Reife und zur Entfaltung. Welche sind das? Der Mönch kennt die Art des Körpers nicht, er versteht die Lebensweise nicht, er wehrt das Schädliche nicht ab, verbindet nicht die Wunden, kann kein Feuer anmachen, er kennt keine Furt, keine Quelle, keinen Steig, keine Weide, er melkt übermäßig und er schenkt den höherrangigen Mönchen, den Älteren, die in der Askese lange gelebt haben, keine besondere Aufmerksamkeit.

Was bedeutet aber, ihr Mönche, dass ein Mönch die Art des Körpers nicht kennt? Da betrachtet der Mönch das Körperliche, alles, was körperlich ist, die vier Hauptstoffe und was durch sie entsteht, er betrachtet es nicht der Wahrheit entsprechend als körperlich.

Und was bedeutet, dass er die Lebensweise nicht versteht? Da versteht er nicht der Wahrheit entsprechend, dass die Tat eines Menschen zeigt, ob er ein Tor oder ein Weiser ist.

Was bedeutet nun, dass er das Schädliche nicht abwehrt? Steigt in ihm ein Wunsch auf, dann gibt er ihm Raum, er verwirft und vertreibt ihn nicht. Steigen in ihm ein Hassgefühl, ein Wutausbruch oder auch andere böse und unheilsame Gedanken auf, dann gibt er ihnen Raum, er verwirft und vertreibt sie nicht, er vertilgt und vernichtet sie nicht.

Er verbindet keine Wunden, heißt: Er empfindet Neigung und hegt Absichten, sobald er mit den Augen eine Form erblickt. Obwohl Begierde und Missmut, böse und unheilsame Gedanken bald den überwältigen, der seine Augen nicht bewacht, bemüht er sich nicht, seine Augen zu beherrschen, zu hüten und eifrig zu bewahren. Hört er einen Ton, riecht er einen

Duft, schmeckt er einen Saft, berührt er etwas, fasst er einen Gedanken, dann empfindet er eine Neigung und hegt Absichten. Obwohl Begierde und Missmut, böse und unheilsame Gedanken bald den überwältigen, der seine Ohren, seine Nase, seine Zunge, seinen Körper und seinen Geist nicht bewacht, bemüht er sich nicht, sie zu beherrschen, zu hüten und eifrig zu bewachen.

Und wer ist der, der kein Feuer anmachen kann? Das ist der Mönch, der nicht imstande ist, den anderen die Lehre zu erläutern, wie er sie selbst gehört und aufgefasst hat.

Und wer kennt keine Furt? Das ist der Mönch, der nicht ab und zu die aufsucht, die viel gehört und viel Wissen gesammelt haben, die Hüter der Lehre, der Disziplin, der Regel. Er erkundigt sich nicht und fragt nicht: »Wie ist das? Was bedeutet dies?« Und so zeigen ihm diese Ehrwürdigen nicht das, was ihm entgangen ist, und sie erklären ihm nicht, was ihm unklar geblieben ist, lösen nicht seine Zweifel über die Dinge, die manchen Zweifeln unterliegen.

Der, der keine Quelle kennt, ist der Mönch, der bei der Darlegung der Lehre und Ordensdisziplin des Vollendenten ihren Sinn nicht versteht und sie auch nicht genießen kann.

Der, der keinen Steig kennt, ist der Mönch, der den achtteiligen Pfad nicht der Wahrheit entsprechend kennt.

Der kennt keine Weide, der die vier edlen Wahrheiten der Einsicht nicht der Wahrheit entsprechend kennt.

Der melkt übermäßig, der, wenn er von gläubigen Hausvätern eingeladen wird, im Nehmen von Kleidung, Almosenspeise, Lagerstätte und Medikamenten für den Krankheitsfall kein Maß kennt.

Und was bedeutet endlich, dass man den höherrangigen Mönchen, den Älteren, die in der Askese lange gelebt haben, keine besondere Aufmerksamkeit schenkt? Da dient ihnen der Mönch weder mit einem offenen oder verborgenen liebevollen Werk, noch mit einem offenen oder verborgenen liebevollen Wort, noch mit einem offenen oder verborgenen liebevollen Gedanken.

Wer, ihr Mönche, diese elf Eigenschaften aufweist, kann unmöglich in diesem Orden der Wahrheit zum Gedeihen gelangen, zur Reife und zur Entfaltung.

BC 164 f.

Zwei Enden gibt es, ihr Mönche, denen muss, wer ein geistliches Leben führt, fernbleiben. Welche zwei Enden sind das? Das eine ist ein Leben in Lüsten, der Lust und dem Genuss ergeben; das ist niedrig, unedel, ungeistlich, unwürdig, nichtig. Das andere ist ein Leben der Selbstpeinigung; das ist leidenreich, unwürdig, nichtig. Von diesen beiden Enden, ihr Mönche, ist der Vollendete fern und hat den Weg, der in der Mitte liegt, erkannt, den Weg, der das Auge auftut und den Geist auftut, der zur Ruhe, zur Erkenntnis, zur Erleuchtung, zum Nirvāna führt. Und welches, ihr Mönche, ist dieser Weg in der Mitte, den der Vollendete erkannt hat, der das Auge auftut und den Geist auftut, der zur Ruhe, zur Erkenntnis, zur Erleuchtung, zum Nirvāna führt? Es ist dieser heilige, achtteilige Pfad, der da heißt: rechtes Glauben, rechtes Entschließen, rechtes Wort, rechte Tat, rechtes Leben, rechtes Streben, rechtes Gedenken, rechtes Sichversenken. Dies, ihr Mönche, ist der Weg der Mitte, den der Vollendete erkannt hat, der das Auge auftut, den Geist auftut, der zur Ruhe, zur Erkenntnis, zur Erleuchtung, zum Nirvāna führt.

EM 29

Der Jünger des Buddha schmäht und streitet nicht, bereitet sich nur ein einfaches Mahl, stählt seine Seele in der Einsamkeit, wählt zur Nacht ein einsames Lager und richtet sein Herz stets auf das Höchste hin. Das ist der Sinn der Buddha-Lehre.

LB 37

Wie es, ihr Mönche, in diesem Lande Jambudīpa* nur wenig anmutige Gärten und anmutige Wälder und anmutiges Land und anmutige Lotusteiche gibt, aber viel mehr abschüssiges und zerrissenes Land, schwer überschreitbare Ströme, von Baumstümpfen und Dorngestrüpp bedeckten Boden, unwegsames Gebirge –

So gibt es auch, ihr Mönche, nur wenige landbewohnende Wesen und viel mehr die im Wasser wohnen –

So gibt es auch, ihr Mönche, nur wenige Wesen, die zu menschlichem Dasein geboren werden, und viel mehr, die zu nichtmenschlichem Dasein geboren werden –

So gibt es auch, ihr Mönche, nur wenige Wesen, die in den Ländern der Mitte geboren werden, und viel mehr, die in den Ländern des Umkreises geboren werden, unter verständnislosen Barbaren –

So gibt es auch, ihr Mönche, nur wenige Wesen, die verständig sind, nicht töricht, nicht taub und stumm, fähig, den Sinn zu erkennen dessen, was wohl oder übel geredet ist, und viel mehr, die unverständig sind, töricht, taub und stumm, unfähig, den Sinn zu erkennen dessen, was wohl oder übel geredet ist –

So gibt es auch, ihr Mönche, nur wenige Wesen, die mit dem edlen Weisheitsauge begabt sind, und viel mehr, die in Unwissenheit versunken und verstört sind –

So gibt es auch, ihr Mönche, nur wenige Wesen, denen der Anblick des Vollendeten zuteil wird, und viel mehr, denen der Anblick des Vollendeten nicht zuteil wird –

So gibt es auch, ihr Mönche, nur wenige Wesen, denen zuteil wird, die vom Vollendeten verkündete Lehre und Ordnung zu hören, und viel mehr, denen es nicht zuteil wird, die vom Vollendeten verkündete Lehre und Ordnung zu hören –

So gibt es auch, ihr Mönche, nur wenige Wesen, die die Lehre hören und bewahren, und viel mehr, die die Lehre hören, aber nicht bewahren –

So gibt es auch, ihr Mönche, nur wenige Wesen, die die Lehre bewahren und ihren Sinn erforschen, und viel mehr, die die Lehre bewahren, aber nicht ihren Sinn erforschen –

So gibt es auch, ihr Mönche, nur wenige Wesen, die den Sinn verstehen und die Lehre verstehen und nach der Lehre wandeln, und viel mehr, die wohl den Sinn verstehen und die Lehre verstehen, aber nicht nach der Lehre wandeln –

So gibt es auch, ihr Mönche, nur wenige Wesen, die von Erschütterndem erschüttert werden, und viel mehr, die von Erschütterndem nicht erschüttert werden –

So gibt es auch, ihr Mönche, wenige Wesen, die erschüttert ernstlich sterben, und viel mehr, die zwar erschüttert, doch nicht ernstlich sterben.

So gibt es auch, ihr Mönche, nur wenige Wesen, die den Geschmack des Besten, den Geschmack der Lehre, den Geschmack der Erlösung erlangen, und viel mehr, die den Geschmack des Besten, den Geschmack der Lehre, den Geschmack der Erlösung nicht erlangen.

Darum, ihr Mönche, müsst ihr euch üben, indem ihr also denkt: »Den Geschmack des Besten, den Geschmack der Lehre, den Geschmack der Erlösung wollen wir erlangen.« Also, ihr Jünger, müsst ihr euch üben.

DRB 187 ff.

Lebte jemand hundert Jahre lang in den Tag hinein, ohne ernstes Streben, so wäre demgegenüber ein einziger Tag, da er tief in sich ginge, unendlich mehr wert.

Lebte jemand hundert Jahre lang, ohne ein Wissen über die himmlische Lehre, so wäre demgegenüber ein einziger Tag, da sie ihm ins Ohr klingt, unendlich reicher.

LB 73

Das Gleichnis vom Feuer

Wenn vor deinen Augen ein Feuer brennt, dann weißt du: da brennt ein Feuer. Wenn dich nun jemand fragt: »Wovon brennt denn das Feuer?« Dann wirst du antworten: »Das Feuer da brennt, weil es als Brennstoff dürres Reisig hat, Gras und Holz.« Wenn nun das Feuer vor deinen Augen ausgeht, dann weißt du: Das Feuer ist ausgegangen. Wenn dich aber nun jemand fragt: »Nach welcher Gegend der Welt ist das Feuer, das da vor deinen Augen ausgegangen ist, von hier aus hingegangen, nach Osten, Westen, Süden oder Norden?« Was antwortest du dann? – Darauf der Mönch Vaccha: Diese Frage wäre falsch gestellt, Erhabener. Dieses Feuer brannte vorher, weil es dürres Reisig und trockenes Gras und Holz als Brennstoff hatte. Nun, da es den Brennstoff verzehrt hat und keinen neuen mehr erhält, somit keine Nahrung mehr findet, ist es ausgegangen. Dies ist nur ein Begriff, etwas anderes ist vom Feuer nicht geblieben.

Der Buddha: Vaccha, genauso verhält es sich mit dem Tathāgata (dem Buddha): Da er Nirvana verwirklicht hat, ist seine Gestalt, die man vor Augen hat, abgetan, annulliert und erhaben über alle Begreifbarkeit der Auffassungsmöglichkeiten. Er ist undefinierbar, unbestimmbar, unergründbar wie der große Ozean. Es wäre falsch zu sagen: Er ist, und ebenso falsch wäre es zu sagen: Er ist nicht. Es gibt, ihr Mönche, einen Bereich, in dem ist weder Erde noch Wasser, weder Feuer noch Luft, weder das Raumunendlichkeitsgebiet noch das Bewusstseinsunendlichkeitsgebiet, weder das Gebiet der Nicht-Etwasheit noch das der Weder-Wahrnehmung-noch-nicht-Wahrnehmung, weder diese Welt noch jene Welt, weder Sonne noch Mond. Dies, ihr Mönche, nenne ich weder Kommen noch Gehen, noch auch Stillstand, weder Tod noch Geburt. Es ist ohne Grundlage, Fortschritt oder Stütze.

Es ist das Ende allen Kummers.

LB 26 f.

DAS WEISE WORT viel und oft im Munde führen,
doch, schlaff im Handeln, den rechten Weg
    verfehlen,
werden nicht Glieder heiliger Gemeinschaft,
sind Hirten, die die Rinder andrer zählen.

Die auch nur wenig gute Worte meistern,
doch sicher stehn im Bannkreis heiliger Pflichten,
die, ganz gelöst von Hass und Gier und Irrwahn,
den freien Geist aufs höchste Wissen richten,
die hier nichts wollen, noch in andern Welten,
können als Glieder heiligen Kreises gelten.

Dhammapada | HW 15

Ich streite nicht mit der Welt, ihr Mönche. Sondern die Welt streitet mit mir. Wer die Wahrheit verkündet, ihr Mönche, streitet mit Niemandem in der Welt.

Wovon die Weisen in der Welt, ihr Mönche, halten, dass es nicht sei, davon sage auch ich: »Es ist nicht.« Und wovon, ihr Mönche, die Weisen in der Welt halten, dass es sei, davon sage auch ich: »Es ist.«

Und was ist es ihr Mönche, wovon die Weisen in der Welt halten, dass es nicht sei, und wovon auch ich sage. »Es ist nicht?«

Von Körperlichkeit, ihr Mönche, die beständig, bleibend, ewig, der Veränderung nicht unterworfen wäre, halten die Weisen in der Welt, dass sie nicht sei, und auch ich sage von ihr: »Sie ist nicht.« …

Dies ist es, ihr Mönche, wovon die Weisen in der Welt halten, dass es nicht sei, und wovon auch ich sage: »Es ist nicht.«

Und was ist es, ihr Mönche, wovon die Weisen in der Welt halten, dass es sei, und wovon auch ich sage: »Es ist?«

Von Körperlichkeit, ihr Mönche, die unbeständig, leidenvoll, der Veränderung unterworfen ist, halten die Weisen in der Welt, dass sie sei, und auch ich sage von ihr: »Sie ist.« ...

Dies ist es, ihr Mönche, wovon die Weisen in der Welt halten, dass es sei, und wovon auch ich sage: »Es ist.«

Es gibt, ihr Mönche, in der Welt eine Weltwesenheit, die der Vollendete erkennt und durchschaut. Und indem er sie erkennt und durchschaut, lehrt er sie, zeigt er sie auf, tut er sie kund, stellt er sie hin, enthüllt er sie, erklärt er sie Stück für Stück, legt er sie auseinander.

Und was ist, ihr Mönche, in der Welt die Weltwesenheit, die der Vollendete erkennt ...?

Die Körperlichkeit, ihr Mönche, ist in der Welt eine Weltwesenheit, die der Vollendete erkennt ... Und wenn sie so, ihr Mönche, vom Vollendeten gelehrt, aufgezeigt, kundgetan, hingestellt, enthüllt, Stück für Stück erklärt, auseinander gelegt wird: wer sie dann nicht erkennt und erschaut, was kann ich, ihr Mönche, mit einem solchen Toren machen, einem Alltagsmenschen, einem Blinden, einem Augenlosen, der nicht erkennt und nicht schaut? …

Wie, ihr Mönche, eine Wasserrose oder eine blaue Lotusblume oder eine weiße Lotusblume, im Wasser geboren, im Wasser erwachsen, über das Wasser sich erhebt, vom Wasser unbenetzt: ebenso, ihr Mönche, steht der Vollendete da, in der Welt erwachsen, die Welt überwindend, von der Welt unbefleckt.

DRB 212 f.

Die Erlangung der Buddhaschaft

Über den entscheidenden Vorgang selbst, die Erlangung der höchsten Erkenntnis, werden dem Buddha folgende Betrachtungen und folgende Erzählung zugeschrieben:

»Wie wenn, o Brahmane, eine Henne Eier gelegt hat, acht oder zehn oder zwölf, und sorgfältig auf ihnen gesessen, sie durchwärmt, sie bebrütet hat: wie würde dann das Küchlein, das zuerst mit seiner Krallenspitze oder mit dem Schnabel die Eierschale zerbricht und glücklich ans Licht kommt, zu nennen sein – das Älteste oder das Jüngste?«

»Es würde das Älteste zu nennen sein, mein guter Gotama, denn es ist unter ihnen das Älteste.«

»Ebenso nun, o Brahmane, habe unter den in Nichtwissen versunkenen Geschöpfen, die im Ei stecken und davon umhüllt sind, ich des Nichtwissens Eierschale zerbrochen und habe allein in der Welt die höchste Buddhaschaft erworben, über der nichts andres ist. So bin ich, o Brahmane, der Älteste, der Höchste in der Welt.

Meine Kraft nun, o Brahmane, war angespannt und zog sich nicht zurück; meine Wachsamkeit war rege und nicht zerstreut; mein Körper war still und nicht in Unruhe; mein Geist war gesammelt und auf einen Punkt gerichtet.

Da trat ich, Brahmane, von Lüsten mich abscheidend, von allen unreinen Wesenheiten mich abscheidend, in die mit Überlegung und Erwägung verbundene, aus Abgeschiedenheit geborene, von Befriedigung und Freude erfüllte *erste Versenkung* ein und verharrte in ihr.

Nach dem Zur-Ruhe-Kommen von Überlegung und Erwägung trat ich in die durch inneren Frieden und Einheitlichkeit des Geistes bezeichnete, von Überlegen und Erwägen freie, aus Sammlung geborene, von Befriedigung und Freude erfüllte *zweite Versenkung* ein und verharrte in ihr.

Nach dem Hinscheiden des Befriedigungsgefühls verharrte ich gleichmütig, in Wachsein und Bewusstheit, und empfand in meinem Körper ein Gefühl der Freude, was die Edlen nennen: ›der Gleichmütige, Wachsame, in Freude weilende‹; so trat ich in die *dritte Versenkung* ein und verharrte in ihr.

Nach dem Verlassen von Freude und nach dem Verlassen von Schmerz, nach dem Untergang alles früheren Wohlgefühls und Leidensgefühls trat ich in die durch schmerzlose und freudlose Läuterung des Gleichmuts und Wachseins bezeichnete *vierte Versenkung* ein und verharrte in ihr.

Mit also gesammeltem Geist, mit geläutertem, reinheitsreichem, der von Flecken frei war, aller Schäden entledigt, geschmeidig, der Arbeit sich fügend, feststehend und unentwegt, wandte ich meinen Geist hin auf die Erinnerung und Erkenntnis meines früheren Daseins. So erinnerte ich mich an mannigfaltiges früheres Dasein: an eine Existenz, an zwei Existenzen, an drei ... vier ... fünf ... zehn ... zwanzig

… dreißig … vierzig … fünfzig … hundert … tausend … hunderttausend Existenzen, an viele Weltalter der Zerstörung, an viele Weltalter der Erneuerung, an viele Weltalter der Zerstörung und Erneuerung: dort war ich mit dem und dem Namen, von dem und dem Geschlecht, von der und der Erscheinung, von der und der Nahrung lebend, das und das Glück und Leid erfahrend, von so und so langer Lebensdauer. Von da schied ich und wurde dort wiedergeboren: und auch dort war ich mit dem und dem Namen …; von da schied ich und bin hier wiedergeboren: so erinnerte ich mich an mannigfaltiges früheres Dasein mit seiner Besonderheit und mit der Bestimmtheit seines Wesens.

Dies, o Brahmane, ist die erste Wissenschaft, die ich in der ersten Nachtwache erlangt habe. Das Nichtwissen ist vernichtet, Wissen entstanden. Die Finsternis ist vernichtet, Helligkeit entstanden, wie es sich gebührt für den, der unentwegt, in heißem Eifer, sein Selbst dem Streben weihend, verharrt. Dies, o Brahmane, war mein erstes Ans-Licht-Kommen, wie eines Küchleins aus der Eierschale.

Mit also gesammeltem Geist, mit geläutertem, reinheitsreichen, der von Flecken frei war, aller Schäden entledigt, geschmeidig, der Arbeit sich fügend, feststehend und unentwegt, wandte ich meinen Geist hin auf die Kenntnis vom Abscheiden und Wiederkommen der Wesen. Da sah ich mit meinem göttlichen Auge, dem reinen, über Menschliches erhabenen die Wesen, wie sie abschieden und wiederkamen, niedere und hohe, von schöner Erscheinung und von schlechter Erscheinung, wohl wandelnde und übel wandelnde; die Wesen, wie sie nach ihren Taten ihre Stätte fanden, erkannte ich: da sind diese Wesen, behaftet mit üblen Gedanken, Worten und Werken, die die Heiligen geschmäht haben, falschen Glauben anhängend und falschen Glaubens Werke auf sich nehmend – die gehen, wenn ihr Leib zerbricht, jenseits des Todes den Unglücksweg, den bösen Gang, zur Verdammnis, zur Hölle.

Jene anderen Wesen aber, begabt mit guten Gedanken, Worten und Werken, die die Heiligen nicht geschmäht haben, rechtem Glauben anhängend und rechten Glaubens Werke auf sich nehmend – die gehen, wenn ihr Leib zerbricht, jenseits des Todes den Heilsweg und kommen in den Himmel. So sah ich mit meinem göttlichen Auge, dem reinen, über Menschliches erhabenen die Wesen, wie sie abschieden und wiederkamen, niedere und hohe, von schöner Erscheinung und von schlechter Erscheinung, wohl wandelnde und übel wandelnde; die Wesen, wie sie nach ihren Taten ihre Stätte fanden, erkannte ich.

Dies, o Brahmane, ist die zweite Wissenschaft, die ich in der mittleren Nachtwache erlangt habe. Das Nichtwissen ist vernichtet, Wissen entstanden. Die Finsternis ist vernichtet, Heiligkeit entstanden, wie es sich gebührt für den, der unentwegt, in heißem Eifer, sein Selbst dem Streben weihend verharrt. Dies, o Brahmane, war mein zweites Ans-Licht-Kommen, wie eines Küchleins aus der Eierschale.

Mit also gesammeltem Geist, mit geläutertem, reinheitsreichem, der von Flecken frei war, aller Schäden entledigt, geschmeidig, der Arbeit sich fügend, feststehend und unentwegt, wandte ich meinen Geist hin auf die Kenntnis des Untergangs der Verderbnisse. ›Dies ist das Leiden‹: also erkannte ich in Wahrheit. ›Dies ist der Weg zur Aufhebung des Leidens‹: also erkannte ich in Wahrheit. ›Dies sind die Verderbnisse‹ … ›Dies ist die Entstehung der Verderbnisse‹ … ›Dies ist die Aufhebung der Verderbnisse‹ … ›Dies ist der Weg zur Aufhebung der Verderbnisse‹: also erkannte ich in Wahrheit. Indem ich also erkannte und also schaute, wurde meine Seele erlöst vom Verderbnis der Lust, und meine Seele wurde erlöst vom Verderbnis des Werdens, und meine Seele wurde erlöst vom Verderbnis des Irrglaubens, und meine Seele wurde erlöst vom Verderbnis des Nichtwissens. Im Erlösten entstand die Erkenntnis: Ich bin erlöst. Vernichtet ist die Geburt, vollendet der heilige Wandel, erfüllt die Pflicht; keine

Rückkehr gibt es mehr zu dieser Welt: also erkannte ich.

Dies, o Brahmane, ist die dritte Wissenschaft, die ich in der letzten Nachtwache erlangt habe. Das Nichtwissen ist vernichtet, Wissen entstanden. Die Finsternis ist vernichtet, Helligkeit entstanden, wie es sich gebührt für den, der unentwegt, in heißem Eifer, sein Selbst dem Streben weihend verharrt. Dies, o Brahmane, war mein drittes Ans-Licht-Kommen, wie eines Küchleins aus der Eierschale.«

DRB 77 ff.

Die letzten Worte des Buddha vor seinem Eingehen in das Nirvana waren folgende:

Es könnte euch vielleicht der Gedanke kommen: »Der Lehrer, der uns das Wort verkündete, ist dahingegangen; wir können uns nun auf keinen Lehrer mehr berufen.« Aber so dürft ihr die Sache nicht sehen. Die Lehre und die Regel, die ich euch gezeigt habe, die sind euer Lehrer nach meinem Ende.

Dann sprach er noch weiter: Wohlan, ihr Mönche, hört jetzt, was ich euch noch zu sagen habe: Die Seinserscheinungen sind ihrem Wesen nach vergänglich. Rüstet euch und seid wachsam!

Das war des Buddha letztes Wort.

LB 56

2
SICH ZUM WESEN NEIGEN

Versenkung

Weg der Versenkung

DER BUDDHA sagt dazu: »Gehend weiß da der Mönch: Ich gehe; stehend weiß er: Ich stehe; sitzend weiß er: Ich sitze; liegend weiß er: Ich liege. Wie auch immer seine Körperstellung ist, so eben weiß er es. Ihm, der so unermüdlich, eifrig und entschlossen weilt, schwinden die weltlichen Erinnerungen und Neigungen, und durch ihr Schwinden festigt sich in seinem Inneren der Geist, beruhigt, einigt und sammelt sich.«

Die Achtsamkeit des Atmens wird so erklärt: »Da ist, ihr Mönche, der Mönch in den Wald gegangen oder zum Fuß eines Baumes oder in eine leere Behausung; mit untergeschlagenen Beinen setzt er sich nieder, den Körper gerade aufgerichtet, die Achtsamkeit vor sich gewärtig haltend. Achtsam atmet er ein, achtsam atmet er aus. Lang einatmend weiß er: Ich atme lang ein; lang ausatmend weiß er: Ich atme lang aus; kurz einatmend weiß er: Ich atme kurz ein; kurz ausatmend weiß er: Ich atme kurz aus;

den ganzen (Atem-)Körper empfindend, werde ich einatmen, so übt er sich; den ganzen (Atem-)Körper empfindend, werde ich ausatmen …

Die Körper-Tätigkeit beruhigend, werde ich einatmen, so übt er; die Körper-Tätigkeit beruhigend, werde ich ausatmen, so übt er. – Ihm, der so unermüdlich, eifrig und entschlossen weilt, schwinden die weltlichen Erinnerungen und Neigungen, und durch ihr Schwinden festigt sich in seinem Inneren der Geist, beruhigt, einigt und sammelt er sich.«

EM 91 f.

Was aber, ihr Mönche, ist rechte Erkenntnis? Es ist das Erkennen des Leidens, der Leidensentstehung, der Leidenserlöschung und des zur Leidenserlöschung führenden edlen achtfachen Pfades.

Was aber, ihr Mönche, ist rechte Gesinnung? Es ist eine Gesinnung frei von Sinnenlust, Hass, Grausamkeit.

Was aber, ihr Mönche, ist rechte Rede? Vermeidung von Lüge, Hinterbringung, roher Rede und törichtem Plappern.

Was aber, ihr Mönche, ist rechte Tat? Vermeiden von Töten lebender Wesen, Stehlen und Ehebrechen.

Was aber, ihr Mönche, ist rechter Lebenserwerb? Dass da der edle Jünger, einen verkehrten Lebenserwerb vermeidend, sich auf rechte Weise seinen Lebensunterhalt verdient.

Was aber, ihr Mönche, ist rechte Anstrengung? Da erweckt der Mönch in sich den Willen, unaufgestiegene üble, unheilsame Dinge nicht aufsteigen zu lassen … aufgestiegene üble, unheilsame Dinge zu überwinden … unaufgestiegene heilsame Dinge zu erwecken … aufgestiegene heilsame Dinge festzuhalten und nicht schwinden zu lassen, sondern zum Wachsen und Gedeihen und zur vollen Entfaltung zu bringen. Und er müht sich ab, bietet alle Willenskraft auf, treibt seinen Geist an und kämpft.

Was aber, ihr Mönche, ist rechte Achtsamkeit? Da verweilt der Mönch in Betrachtung des Körperlichen … der Gefühle … des Bewusstseins … der Geistobjekte, eifrig, klar bewusst, achtsam, weltliche Begierde und Kummer verwerfend.

Was aber, ihr Mönche, ist rechte Sammlung? Da tritt der Mönch, den Wunschobjekten entrückt, losgelöst von den unheilsamen Dingen … in die erste Vertiefung ein … in die zweite Vertiefung … die dritte Vertiefung … die vierte Vertiefung.«

EM 72 f.

BESSER ALS in tausend Reden
Worte ohne Sinn verschwendet,
ist ein Wort voll tiefen Sinnes,
das dem Hörer Frieden spendet.

Besser als in tausend Liedern
Worte ohne Sinn verschwendet,
ist ein Wort voll tiefen Sinnes,
das dem Hörer Frieden spendet.

Ob ein Sänger hundert Lieder
sinnlos in die Lüfte sendet,
besser ist ein Wort der Wahrheit,
das dem Hörer Frieden spendet.

Dhammapada | HW 44

MEHR WERT als hundert Jahre lang das Auf und Ab nicht zu sehen ist ein Tag des Lebens, an dem man das Werden und Vergehen schaut.

LB 118

Der Verlust von Verwandten, Reichtum und Ehre ist ein geringer Verlust. Der schwerste Verlust ist der Verlust der Einsicht.

Der Gewinn von Verwandten, Reichtum und Ehre ist ein geringer Gewinn. Der höchste Gewinn ist der Gewinn der Einsicht.

Darum soll euer Streben sein: »Wir wollen mehr Einsicht gewinnen.« Danach sollt ihr streben.

BC 80

Zur völligen Erkenntnis von Gier, Hass, Verblendung, von Zorn, Wut, Verachtung, Herrschsucht, Neid, Geiz, Gleisnerei, Falschsucht, Hartnäckigkeit, Heftigkeit, Überheblichkeit, Hochmut, Rausch und Nachlässigkeit, und zu deren Durchschauung, Überwindung, Ausmerzung, Erlöschung, Abwendung, Zerstörung, Vernichtung und zur Befreiung von ihnen ist die Entfaltung von drei Dingen notwendig. Welche Dinge sind es?

Die Konzentration des Geistes auf die Leerheit, die Konzentration des Geistes auf die Eigenschaftslosigkeit und die Konzentration des Geistes auf die Wunschlosigkeit.

BC 87

Die fünf Hemmungen

DIE FÜNF HEMMUNGEN nennt man fünf Eigenschaften, die den Geist hemmen, den klaren Blick trüben, deren Anwesenheit den Fortgang in der Versenkung stören, so dass man weder die angrenzende Sammlung, noch die volle Sammlung, noch die Wahrheit klar zu erkennen imstande ist. Es sind folgende hemmende Eigenschaften:

1. Sinneslust;
2. Übelwollen;
3. Stumpfheit und Mattheit;
4. Aufgeregtheit und geistige Unruhe;
5. Zweifel.

Sinnenlust kann man vergleichen mit Wasser, in dem vielerlei Farben vermengt sind; das Übelwollen mit brodelndem Wasser; Stumpfheit und Mattheit mit Wasser, das mit Grünalgen bedeckt ist; Aufgeregtheit und unruhigen Geist mit Wasser, das von Stürmen aufgepeitscht ist; Zweifel mit trübem, schlammigem Wasser. Wie man nun in solchen Wassern, wie sie in den fünf Arten dargestellt sind, sein eigenes Spiegelbild nicht erkennt, auch nicht das Spiegelbild anderer oder anderer Gegenstände, genauso ist es mit der Anwesenheit der fünf Hemmungen im Geiste: man kann weder das eigene noch das Heil der anderen klar erkennen.

Wenn der Mönch die fünf Hemmungen überwunden hat, dann erreicht er die Stufen der Versenkung.

LB 17 f.

Nirvana ist ein Ziel, ein anderes weltliches Wohlsein; den Weisen, der dies verstanden hat, erfreut kein Ruhm, kein Genuss, er bevorzugt allein die Zurückgezogenheit.

LB 116

Es gibt, ihr Mönche, ein
- Ungewordenes
- Ungeborenes
- Ungemachtes
- Ungeformtes.

Wenn es dieses Ungewordene, Ungeborene, Ungemachte, Ungeformte nicht gäbe, so würde es keinen Ausweg geben aus dem, was geworden, geboren, gemacht, geformt ist.

Aber weil es ein Ungewordenes, Ungeborenes, Ungemachtes, Ungeformtes gibt, darum gibt es auch ein Entrinnen aus dem, was geworden, geboren, gemacht, geformt ist.

LB 71

Hass wird nie durch Hass bezwungen.
Ewige Weisheit, lass mich lehren:
Nicht-Hass nur bezwingt das Hassen,
hasslos kannst dem Hass du wehren.

Mancher Mensch mag nicht bedenken,
dass uns allen winkt das Ende;
wer denn dies bedenkt, dem schlichtet
aller Hader sich behände.

Dhammapada | HW 10

Die Lebenserscheinungen kann man vergleichen mit einem Traum, einem Phantom, einer Wasserblase, einem Schatten, dem Glitzern des Taus oder dem Blitz – und so sollten sie betrachtet werden.

Prajñāpāramitāsūtra | LB 59

Den Fluss überqueren

WAS MEINST DU: Ein Mann will den Fluss überqueren. Da nimmt er eine Axt und geht in den Wald. Er fällt einen großen, geraden, strammen und festen Baum. Die Krone schneidet er ab, und er entfernt vom Stamm die Zweige und die Blätter. Dann bearbeitet er ihn mit der Axt, er beschneidet ihn mit einem Messer, bearbeitet ihn mit einem Hobel, schleift ihn mit einem Sandstein. Dann zieht er ihn in den Fluss. Was meinst du, Salha, kann der Mann damit den Fluss überqueren?«

»Kaum, o Herr. Der Stamm ist zwar außen glatt, innen ist er jedoch nicht sauber bearbeitet. Der Stamm wird wohl untergehen, und der Mann wird elend ertrinken.«

»So verhält es sich, Salha, mit den Asketen und den Priestern, die die strenge Askese lehren, die strenge Askese als das Wesentliche ansehen, die strenge Askese predigen. Sie können den Strom nicht überqueren. Auch die Asketen, die einen unreinen Wandel in Werken, Worten und Gedanken zeigen und eine unlautere Lebensweise führen, sind nicht fähig, den Erkenntnisblick, die höchste Erleuchtung zu erreichen.

Aber die Asketen und die Priester, die nicht die strenge Askese lehren, sie nicht als das Wesentliche ansehen und sie nicht predigen, können den Strom überqueren. Und auch diejenigen Asketen, die einen reinen Wandel in Werken, Worten und Gedanken zeigen und eine lautere Lebensweise führen, sind fähig, den Erkenntnisblick, die höchste Erleuchtung zu erreichen.

Es ist wie mit dem Mann, der den Fluss überqueren will. Er nimmt die Axt und geht in den Wald. Er fällt einen großen, geraden, strammen und festen Baum. Die Krone schneidet er ab, und er entfernt vom Stamm Zweige und Blätter. Dann bearbeitet er ihn mit der Axt, er beschneidet ihn mit einem Messer und entfernt mit einem Holzmeißel den Stammkern. Er bearbeitet ihn mit einem Hobel, schleift ihn mit einem Sandstein. Er verfertigt es zu einem Boot, bringt Ruder und Steuer an, dann zieht er es in den Fluss. Was meinst du, Salha, kann der Mann damit den Fluss überqueren?«

»Jawohl, Herr. Der Stamm ist ja außen glatt und innen völlig gesäubert. Das Boot ist fertig, Ruder und Steuer sind angebracht. Das Boot wird nicht untergehen, und der Mann wird heil zum anderen Ufer gelangen.«

»So verhält es sich, Salha, mit den Asketen und Priestern, die nicht die strenge Askese lehren, sie nicht als das Wesentliche ansehen und sie nicht predigen. Sie können den Strom überqueren. Auch jene Asketen, die einen reinen Wandel in Werken, Worten und Gedanken zeigen und eine lautere Lebensweise führen, sind fähig, den Erkenntnisblick, die höchste Erleuchtung zu erreichen.«

BC 162 f.

Seelenruhe

EIN FELS ruht auf seinem Grund und der Wind kann ihm nichts anhaben. So ist es mit dem Weisen. Er ruht in sich selbst, unabhängig davon, ob Lob oder Tadel ihm ausgesprochen werden. Wie ein tiefer See, in Frieden eingesenkt, ganz klar ist und keine Welle seinen Frieden stört, und in seinem Wasser findet sich der Himmel – ebenso ist es mit dem Weisen, der in göttlicher Ruhe weilt.

Wenn Fische aus dem Wasser auf das Land geworfen werden, so schnappen sie zuckend sich zu Tode auf dem trockenen Sand. So unser Geist, der in dies Leben verirrt ist: er zuckt im Sterben, verängstigt und verwirrt.

Darum sammle du behutsam dein Herz, damit sich jede Unrast in Stetigkeit umwandelt. Dann wird alles, was wild und verloren erschien, aufblühen zu seligem Leben.

LB 10

3
BEFREIUNG

Weg und Wahrheit

Die vier edlen Wahrheiten

DIES SIND die vier edlen Wahrheiten, das ist die Lehre, die ich verkündet habe, die einwandfrei, makellos, über jeden Vorwurf erhaben ist und die von keinem Asketen, Priester und Verständigen getadelt worden ist. Worauf bezieht sie sich? Abhängig von den sechs Elementen entsteht die Empfängnis des Embryos. Wo aber eine Empfängnis stattfindet, da gibt es Geistiges und Körperliches. Abhängig vom Geistigen und Körperlichen sind die sechs Sinnesorgane, abhängig von den Sinnesorganen sind die Sinneseindrücke, abhängig von den Sinneseindrücken ist das Gefühl. Und gerade im Hinblick auf den Gefühlsbegabten lehre ich, was Leiden ist, was die Entstehung des Leidens ist, was die Aufhebung des Leidens ist, was der Pfad zur Aufhebung des Leidens ist.

Was ist aber, ihr Mönche, die edle Wahrheit vom Leiden? Geburt ist Leiden, Alter ist Leiden, Krankheit ist Leiden, Sterben ist Leiden; Sorge, Kummer, Schmerz, Trübsal und Verzweiflung, all das ist Leiden; nicht erlangen, was man begehrt, ist Leiden. Kurz, die fünf Daseinsfaktoren sind Leiden. Das bezeichnet man als die edle Wahrheit vom Leiden.

Was ist aber, ihr Mönche, die edle Wahrheit von der Entstehung des Leidens? Die Unwissenheit führt zur Bildung der Früchte des Tatenvergeltungsgesetzes (Karman); die Karman-Kräfte bedingen den Willen zur Wiedergeburt; der Wille zur Wiedergeburt führt zur Bildung von Geistigem und Körperlichem; das Geistige und Körperliche bedingt die Entstehung der sechs Sinnesorgane; die sechs Sinnesorgane führen zur Entstehung von Sinneseindrücken; die Sinneseindrücke führen zur Entstehung der Empfindungen; die Empfindungen führen zur Entstehung des Begehrens; das Begehren führt zur Entstehung des Anhaftens; das Anhaften lässt den Werdeprozess weiterlaufen; der Werdeprozess führt zur Wiedergeburt; die Geburt bedingt die Entstehung von Alter und Sterben, von Sorge, Kummer, Schmerz, Trübsal und Verzweiflung. So kommt es zur Entstehung dieser ganzen Leidensfülle. Das bezeichnet man als die edle Wahrheit von der Entstehung des Leidens.

Was ist aber, ihr Mönche, die edle Wahrheit von der Aufhebung des Leidens? Durch die restlose Aufhebung und Beseitigung der Unwissenheit erlöschen die Karman-Kräfte; durch das Erlöschen der Karman-Kräfte erlöscht der Wille zur Wiedergeburt; durch das Erlöschen des Willens zur Wiedergeburt erlöscht das Geistige und Körperliche; durch das Erlöschen des Geistigen und Körperlichen erlöschen die sechs Sinnesorgane; durch das Erlöschen der sechs Sinnesorgane erlöschen die Sinneseindrücke; durch das Erlöschen der Sinneseindrücke erlöschen die Empfindungen; durch das Erlöschen der Empfindungen erlöscht das Begehren; durch das Erlöschen des Begehrens erlöscht das Anhaften; durch das Erlöschen des Anhaftens erlöscht der Werdeprozess; durch das Erlöschen des Werdeprozesses erlöscht die Wiedergeburt; durch das Erlöschen der Wiedergeburt erlöschen Altern und Sterben, Sorge,

Kummer, Schmerz, Trübsal und Verzweiflung. So kommt es zur Aufhebung dieser ganzen Leidensfülle. Das bezeichnet man als die edle Wahrheit von der Aufhebung des Leidens.

Was ist aber, ihr Mönche, die edle Wahrheit vom Pfad zur Aufhebung des Leidens? Das ist der edle achtgliedrige Pfad: rechte Ansicht, rechte Gesinnung, rechtes Reden, rechtes Tun, rechte Lebensweise, rechte Anstrengung, rechte Konzentration, rechte Versenkung. Das ist die edle Wahrheit vom Pfad zur Aufhebung des Leidens.

BC 73 f.

Wer nun aber, ihr Mönche, im heiligen Wissen belehrt ist, ein edler Hörer, welcher die edlen Wahrheiten schaut, der wohl unterwiesen ist in der Pflicht für einen guten Menschen, wer nicht die Gestalt, das Gefühl, das Unterscheidungsvermögen, die Triebkräfte und das Bewusstsein als das Selbst betrachtet, auch nicht das Selbst als ein solches, das Bewusstsein besitzt; nicht im Selbst das Bewusstsein und auch nicht im Bewusstsein das Selbst schaut, der läuft nicht um die Gestalt herum, kreist nicht um sie, wie um das Fühlen, um das Unterscheidungsvermögen, um die Triebkräfte und um das Bewusstsein. Dieser wird, während er sich *[äußerlich]* noch um die Gestalt bewegt, um sie seinen Kreislauf des Lebens vollbringt, von der Gestalt erlöst; er wird von dem Fühlen, dem Unterscheidungsvermögen, den Triebkräften, dem Bewusstsein frei. Frei ist er von Geburt, Alter, Tod, Unglück, Klagen, Kummer, Niedergeschlagenheit und Unruhe, vom Leiden wird er erlöst; so verkündige ich euch dies.

RB 78 f.

ALLE WESEN scheun Bedrückung,
bangen vor des Todes Nöten.
Gleich wie du ist jedes Wesen!
Töte nicht und lass nicht töten!

Alle Wesen scheun Bedrückung,
alle um das Leben beten,
gleich wie du ist auch der andre!
Töte nicht und lass nicht töten!

Dhammapada | HW 53

GEISTLICH will ich alle nennen,
die nichts haben, nichts begehren,
denen keine Güter hinten,
mitten oder vorn gehören.

Ihn, den mannhaft edlen Sieger,
ihm den Held, den großen Weisen,
gierlos aufgewacht, vollendet,
will ich allzeit geistlich heißen.

Die all ihre frühere Wohnung,
niedre, lichte Welten kennen,
der Geburten Rest erreichten;
die in höchster Weisheit brennen,
den Vollendungsgipfel grüßen:
will ich alle geistlich nennen.

Dhammapada | HW 156

Ende allen Kummers

ALLES, WAS an einem anderen Ding hängt, kommt zu Fall. Aber zu dem, was nicht anhängt, kann kein Fall kommen. Wo kein Fall kommt, da ist Ruhe, und wo Ruhe ist, da ist kein Begehren. Wo kein Begehren ist, da kommt nichts und geht nichts. Wo nichts kommt und nichts geht, da ist kein Tod und keine Geburt. Wo weder Tod noch Geburt ist, da ist weder diese Welt noch jene Welt, noch etwas dazwischen. Es ist das Ende allen Kummers.

LB 71

Nicht das Ich

DER KÖRPER, ihr Mönche, ist nicht das Ich;
die Empfindung ist nicht das Ich;
die Wahrnehmung ist nicht das Ich;
die Gemütsregungen sind nicht das Ich;
das Bewusstsein, ihr Mönche, ist nicht das Ich.

Was meint ihr, Mönche, ist der Körper veränderlich oder beharrend?

Ist die Empfindung, ist die Wahrnehmung, sind die Gemütsregungen, ist das Bewusstsein veränderlich oder beharrend?

Veränderlich, Herr.

Und was veränderlich ist, bringt das Leid oder Glück?

Leid, Herr.

Und was veränderlich, leidvoll, vergänglich ist, kann man das etwa so betrachten: Das gehört mir, das bin ich, das ist mein Ich?

Das ist unmöglich, Herr!

LB 63

Die vier Unermesslichkeiten

ES GIBT, IHR MÖNCHE, vier Unermesslichkeiten:

das Verweilen in der Allgüte,

das Verweilen im Mitleid,

das Verweilen in der Mitfreude,

das Verweilen im Gleichmut.

Indem der Mönch in der Allgüte verweilt, durchdringt er mit dem mit Allgüte erfüllten Geist erst eine Himmelsrichtung, dann die zweite, dann die dritte, dann die vierte. Und indem er sich selbst in allem und in allen Dingen wiedererkennt, durchdringt er nach oben, nach unten und überall die ganze Welt mit einem von Allgüte erfüllten Geist, einem weit entfalteten, unbeschränkten, befreit von Groll und Übelwollen.

Hat man, ihr Mönche, die Allgüte entfaltet, zur Triebfeder und Grundlage gemacht, gefestigt, zur rechten Vollendung gebracht, so hat man einen elffachen Segen zu erwarten:

Man schläft friedlich, erwacht friedlich, hat keine schlimmen Träume, ist den Menschen lieb, ist den Geistern lieb, die Himmelswesen schützen einen. Feuer, Gift und Waffen können einem nichts anhaben. Der verworrene, unruhige Geist sammelt sich, der Gesichtsausruck klärt sich, und man hat einen ungetrübten Tod. Die Wiedergeburt wird eine höhere sein, sicherlich in der Brahmā-Welt.

Wie vollzieht sich aber die unbegrenzte, alles durchdringende Erlösung durch Allgüte? In diesen Gedanken: Mögen alle Wesen frei sein von Hass, Bedrückung und Beklemmung! Mögen sie ihr Leben glücklich vollbringen! Möge alles, was atmet, alle Geschöpfe, Individuen, frei sein von Hass, Bedrückung und Beklemmung. Ach, möchten alle Wesen glücklich sein, voll Frieden, im Herzen ganz von innerem Glück erfüllt!

Indem der Mönch im Mitleid verweilt, durchdringt er mit einem von Mitleid erfüllten Geist erst eine Himmelsrichtung, dann die zweite, dann die dritte, dann die vierte. Und indem er sich in allem und in allen Dingen wiedererkennt, durchdringt er nach oben und unten, überall die ganze Welt mit einem von

Mitleid erfüllten Geist, einem weiten, entfalteten, unbeschränkten, und ist frei von Groll und Übelwollen.

Indem der Mönch in der Mitfreude verweilt, durchdringt er mit einem von Mitfreude erfüllten Geist erst eine Himmelsrichtung, dann die zweite, dann die dritte, dann die vierte. Und indem er sich selbst in allem und in allen Dingen wiedererkennt, durchdringt er nach oben und unten, überall die ganze Welt mit einem von Mitfreude erfüllten Geist, einem weiten, entfalteten, unbeschränkten, und ist frei von Groll und Übelwollen.

Indem der Mönch im Gleichmut verweilt, durchdringt er mit einem mit Gleichmut erfüllten Geist erst eine Himmelsrichtung, dann die zweite, dann die dritte, dann die vierte. Und indem er sich selbst in allem und in allen Dingen wiedererkennt, durchdringt er nach oben und unten, überall die ganze Welt mit einem von Gleichmut erfüllten Geist, einem weiten, entfalteten, unbeschränkten, und ist frei von Groll und Übelwollen.

Die Entfaltung der vier Unermesslichkeiten hat nacheinander zu geschehen. Der Mönch, dessen Geist standhaft ist, gefestigt, den die unheilsamen Faktoren nicht mehr fesseln, strebt nach der Entfaltung der Allgüte. Hat er diesen Verweilungszustand vollkommen erfüllt, strebt er nach der Entfaltung des Mitleids, danach der Mitfreude, danach des Gleichmuts. Und mit diesen vier Unermesslichkeiten übt er die vier Versenkungsstufen.

LB 15 ff.

Das Vergehen des Leidens

DIE ANSICHT, dass alles *sei*, ist das eine Extrem.

Die Ansicht, dass alles *nicht* sei, ist das andere Extrem.

Diese beiden Extreme hat der Vollendete vermieden, und er verkündet die in der Mitte liegende Lehre, dass die Lebensvorgänge durch das Nichtwissen bedingt sind, das Bewusstsein durch die Lebensvorgänge; ferner, dass auf der restlosen, spurlosen Aufhebung des Nichtwissens die Aufhebung der Lebensvorgänge beruht und dass so die ganze Masse des Leidens vergeht.

LB 56

Einstmals verweilte der Erhabene zu Sāvatthī, im Jetavana, dem Park des Anāthapiṇḍika. Zu dieser Zeit nun war eines Laienjüngers einziges Söhnlein gestorben, das er liebte und das seine Freude war. Da kamen zur heißen Tageszeit [also zu einer Zeit, wo man sonst einander nicht zu besuchen pflegt] viele Laienjünger mit nassen Gewändern und nassem Haar zum Erhabenen, brachten ihm ehrfurchtsvollen Gruß und setzten sich zur Seite nieder.

Wie sie so zur Seite dasaßen, sprach der Erhabene zu den Laienjüngern: »Warum, ihr Laienjünger, kommt ihr zur heißen Tageszeit mit nassen Gewändern und nassem Haar hierher?«

Als er so geredet hatte, sprach jener Laienjünger zum Erhabenen also: »Mein einziges Söhnlein, Herr, ist gestorben, das ich liebte und das meine Freude war. Darum kommen wir zur heißen Tageszeit hierher mit nassen Gewändern und nassem Haar.«

Solches erkennend, tat der Erhabene zu dieser Zeit den Ausruf:

»Haftend an lieblicher Gestalten Reiz
Götterscharen, dazu der Menschen viele:
In Trauer, in Jammer verfallen sie,
Kommen in die Gewalt des Todesfürsten.

Doch die sich bei Tag und bei Nacht
Unentwegt abwenden von lieblicher
    Erscheinung:
Der Trauer Wurzel graben sie aus.
Schwer ist's, des Todes Lockung zu entrinnen.«

DRB 215 f.

Brunnenbauer leitet Wasser,
Zimmerer richtet das Gehäuse,
rechte Pfeile biegt der Pfeilschmied,
und sein Ich bezwingt der Weise.

Gleich wie hartes Felsgesteine
von dem Winde nicht bewegt wird,
lebt der Weise, der von Lob und
Tadel nimmermehr erregt wird.

Dhammapada | HW 36

Die entscheidenden Fragen

Siehst du, Rahula, diesen kleinen Rest an Wasser da in der Schale?« – »Ja, Herr.« – »Ebenso gering ist der Wert der Asketen, die sich vor einer bewussten Lüge nicht scheuen.«

Diesen kleinen Rest goss der Erhabene aus der Schale aus und sprach: »Hast du gesehen, Rahula, wie dieser kleine Rest ausgegossen wurde?« – »Ja, Herr.« – »Ebenso ausgegossen ist das Asketenleben derer, die sich vor einer bewussten Lüge nicht scheuen.«

Dann zeigte der Erhabene das Innere der Schale und sprach: »Siehst du, Rahula, wie diese Schale hohl und leer ist?« – »Ja, Herr.« – »Ebenso hohl und leer ist das Asketenleben derer, die sich vor einer bewussten Lüge nicht scheuen. Es ist wie mit einem Königselefanten, der für den Kampf abgerichtet ist. Wenn er mit all seinen Körperteilen seine Kampfaufgabe erfüllt, aber den Rüssel zurückhält, dann weiß der Elefantenlenker: ›Der Elefant hängt noch am Leben.‹ Wenn er aber auch den Rüssel einsetzt, dann weiß der Lenker: ›Nun ist er bereit, sein Leben preiszugeben.‹ Rahula, wer sich vor einer bewussten Lüge nicht scheut, ist nun bereit, jede böse Tat zu begehen. Darum merke dir das: ›Nicht einmal im Scherz will ich falsch reden.‹

Nun, was meint du, Rahula: Wozu dient wohl ein Spiegel?« – »Um sich zu betrachten, Herr.« – »Ebenso soll man sich betrachten und betrachten, bevor man Werke verrichtet, bevor man Worte spricht, bevor man Gedanken hegt.

Ob du, Rahula, ein Werk verrichten, ein Wort sprechen oder einen Gedanken hegen willst, du sollst es genau betrachten: ›Wird wohl dieses Werk, dieses Wort, dieser Gedanke eine Last sein für mich, für den anderen, für mich und für die anderen? Dann ist es ein unheilsames Werk, ein unheilsames Wort, ein unheilsamer Gedanke; das wird Leid hervorrufen, das wird Leiden verursachen.‹ Dann musst du, Rahula, dieses Werk, dieses Wort oder diesen Gedanken meiden. Wenn du aber feststellst: ›Es belastet mich nicht, und auch die anderen nicht‹, dann magst du es tun.

Auch während du ein Werk verrichtest, ein Wort sprichst, einen Gedanken hegst, sollst du dich fragen: ›Ist es eine Belastung für mich, oder für die anderen? Bringt es Leiden, verursacht es Leiden?‹ Dann sollst du es meiden. Sonst magst du es weiter tun.«

BC 144 f.

Was uns trifft, entsprießt dem Denken,
geht aufs Denken stets zurück.
Was uns trifft, quillt aus dem Denken,
Denken regelt das Geschick.
Wenn wir, bösem Denken dienstbar,
Worte oder Taten schufen,
folgt das Leid dem Weltenlaufe
wie das Rad des Zugtiers Hufen.

Was uns trifft, entspringt dem Denken,
geht aufs Denken stets zurück.
Was uns trifft, quillt aus dem Denken,
Denken regelt das Geschick.
Wenn wir, reinem Denken dienstbar,
Worte schufen oder Taten,
folgt das Glück dem Weltenlaufe
und bleibt treu wie unser Schatten.

Dhammapada | HW 9

Die Wurzeln von Heil und Unheil

Es gibt drei Wurzeln des Unheilsamen, ihr Mönche. Welche drei? Die Gier ist eine Wurzel des Unheilsamen. Der Hass ist eine Wurzel des Unheilsamen. Die Verblendung ist eine Wurzel des Unheilsamen.

Was auch immer an Begierde besteht, das ist eine Wurzel des Unheilsamen. Was auch immer einer aus Begierde tut in Werken, Worten und Gedanken, das auch ist unheilsam. Was ein Giererfüllter, so er von der Gier überwältigt ist und sein Geist davon gefesselt ist, einem anderen zu Unrecht an Leiden zufügt, ob durch Hinrichtung, Inhaftierung, Eigentumsschädigung, Beschuldigung oder Vertreibung, und dies, weil er denkt, dass er die Macht besitze und seine Macht einsetzen wolle, auch das ist unheilsam. So entstehen in ihm durch die Gier erzeugt, durch die Gier bedingt, aus der Gier entsprungen, all diese vielen unheilsamen Dinge.

Was auch immer an Hass besteht, das ist eine Wurzel des Unheilsamen. Was auch immer ein Hasserfüllter tut in Werken, Worten und Gedanken, das auch ist unheilsam. Was ein Hasserfüllter, so er vom Hass überwältigt ist und sein Geist davon gefesselt ist, einem anderen zu Unrecht an Leiden zufügt, ob durch Hinrichtung, Inhaftierung, Eigentumsschädigung, Beschuldigung oder Vertreibung, und dies, weil er denkt, dass er die Macht besitze und seine Macht einsetzen wolle, auch das ist unheilsam. So entstehen in ihm durch den Hass erzeugt, durch den Hass bedingt, aus dem Hass entsprungen, all diese vielen unheilsamen Dinge.

Was auch immer an Verblendung besteht, das ist eine Wurzel des Unheilsamen. Was auch immer ein Verblendeter tut in Werken, Worten und Gedanken, das auch ist unheilsam. Was ein Verblendeter, so er von der Verblendung überwältigt ist und sein Geist davon gefesselt ist, einem anderen zu Unrecht an Leid zufügt, ob durch Hinrichtung, Inhaftierung, Eigentumsschädigung, Beschuldigung oder Vertreibung, und dies, weil er denkt, dass er die Macht besitze und seine Macht einsetzen wolle, auch das ist unheilsam.

So entstehen in ihm durch die Verblendung erzeugt, durch die Verblendung bedingt, aus der Verblendung entsprungen, all diese vielen unheilsamen Dinge.

Von einem solchen Menschen sagt man, dass er ungelegen redet, die Unwahrheit sagt und unbegründete Rede hält, dass er gegen Recht und Ordnung redet. Und warum dies? Dieser Mensch fügt ja den anderen zu Unrecht Leiden zu durch Hinrichtung, Inhaftierung, Eigentumsschädigung, Beschuldigung und Vertreibung. Wird er mit der Wahrheit konfrontiert, zeigt er nur Verachtung und gibt nichts zu. Sagt man vor ihm etwas, was nicht zutreffend ist, bemüht er sich nicht darum klarzustellen, dass dies falsch und unzutreffend ist. Deswegen sagt man von einem solchen Menschen, dass er ungelegen redet, die Unwahrheit sagt und unbegründete Rede hält, dass er gegen Recht und Ordnung redet. Ein solcher Mensch, der von den aus Gier, Hass und Verblendung entsprungenen üblen, unheilsamen Dingen überwältigt ist und dessen Geist davon gefesselt ist, führt schon hier ein elendes Leben, voller Verdruss, Verzweiflung und Qual, und beim Zerfall des Körpers, nach dem Tod gerät er auf eine Leidensfährte …

Es gibt drei Wurzeln des Heilsamen, ihr Mönche. Welche drei? Die Gierlosigkeit ist eine Wurzel des Heilsamen. Die Hasslosigkeit ist eine Wurzel des Heilsamen. Die Unverblendung ist eine Wurzel des Heilsamen.

BC 77 f.

Zu Buddha kommt König Pasenadi und fragt ihn:

»Gibt es, Herr, für das, was geboren ist, ein Dasein ohne Alter und Tod?«

»Es gibt kein Dasein, großer König, ohne Alter und Tod. Und auch die großen Herren vom Adel, die in allem Wohlstand leben, die reich sind an Besitz und Habe, die Gold und Silber in Menge besitzen, und Reichtümer und alles, dessen sie bedürfen, in Mengen besitzen: auch für sie, wie sie geboren sind, gibt es kein Dasein ohne Alter und Tod.

Und auch die großen Herren vom Brahmanenstande, und die großen Herren vom Bürgerstande, die in allem Wohlstand leben ... gibt es kein Dasein ohne Alter und Tod.

Und auch die Mönche, großer König, die heiligen, die alles Verderben abgetan haben, die den heiligen Wandel erfüllt, ihr Werk getan, ihre Last abgelegt, das Ziel des Heiles erreicht, die Fesseln des Werdens zerbrochen, in voller Erkenntnis die Erlösung gefunden haben: auch ihr Leib muss zerbrechen und sie müssen ihn von sich legen.

»Der Kön'ge präch'ge Wagen, sie verfallen.
Verfallen lässt das Alter unsre Leiber.
Der Edlen Lehre wird nicht alt, verfällt nicht,
Und Edle künden sie mit edlen Helfern.«

DRB 211 f.

Die Blindgeborenen und der Elefant

EINST HIELTEN SICH bei Savatthi viele Asketen und Brahmanen, Anhänger verschiedener Richtungen, auf. Sie vertraten verschiedene Lehren, glaubten an verschiedene Ansichten und fanden an verschiedenen Meinungen Gefallen. Sie stritten miteinander, zankten, schlugen sich gegenseitig und griffen einander mit scharfen Worten: »So ist die Wahrheit, die Wahrheit ist nicht so; ja, nicht so ist die Wahrheit, die Wahrheit ist so …«

Ihr Mönche, es sind blinde Asketen, sie merken nicht, was wichtig und notwendig ist und was nicht wichtig ist, sie erkennen nicht, was die Wahrheit ist und was nicht die Wahrheit ist. Deswegen streiten sie miteinander, zanken, schlagen sich gegenseitig und greifen einander mit scharfen Worten.

Es ist mit ihnen wie mit den Blindgeborenen, die der damalige König von Savatthi zusammenrufen ließ. Der König befahl einem seiner Leute: »Zeige ihnen einen Elefanten!«

Einigen von den Blindgeborenen zeigte er den Kopf des Elefanten, anderen das Ohr des Elefanten, anderen seinen Zahn, anderen seinen Rüssel, anderen seinen Rumpf, wieder anderen seinen Fuß, anderen sein Hinterteil, anderen seinen Schwanz; den Letzten zeigte er das haarbedeckte Ende seines Schwanzes.

Und der König fragte die Blindgeborenen: »Habt ihr euch den Elefanten angesehen?«

»Ja, Herr, wir haben uns den Elefanten angesehen.«

»Nun beschreibt mal, wie ein Elefant aussieht!«

Die Blindgeborenen, die den Kopf des Elefanten berührt hatten, sagten: »Der Elefant ist wie ein Kessel.«

Diejenigen, die das Ohr des Elefanten berührt hatten, sagten: »Wie eine Worfel ist der Elefant.«

Die Blindgeborenen, die den Zahn des Elefanten berührt hatten, sagten: »Der Elefant ist wie eine Pflugschar.«

Diejenigen von ihnen, die den Rüssel des Elefanten berührt hatten, sagten. »Wie eine Stange am Pflug ist der Elefant.«

Diejenigen, die aber den Rumpf des Elefanten berührt hatten, sagten: »Der Elefant ist wie ein Kornspeicher.«

Die Blindgeborenen, die den Fuß des Elefanten berührt hatten, sagten: »Der Elefant ist wie ein Pfeiler.«

Diejenigen, die das Hinterteil des Elefanten berührt hatten, sagten. »Der Elefant ist wie ein Mörser.«

Diejenigen, die den Schwanz des Elefanten berührt hatten, sagten: »Der Elefant ist wie eine Keule.«

Diejenigen endlich, die das Schwanzende des Elefanten berührt hatten, sagten: »Wie ein Besen ist der Elefant.«

Es erhob sich ein lautes Geschrei, und die Blindgeborenen griffen einander mit Fäusten und Händen und schrien reihum: »So ist der Elefant, der Elefant ist so; nein, der Elefant ist so, nicht so ist der Elefant …«

Der König war bei diesem Spektakel ergötzt und zeigte sich sehr amüsiert.

So ist es, ihr Mönche, mit den Asketen und Brahmanen, die verschiedenen Richtungen anhangen. Blind sind sie, sie merken nicht, was wichtig und notwendig ist und was nicht wichtig ist, sie erkennen nicht, was die Wahrheit ist und was nicht die Wahrheit ist. … Es streiten doch miteinander nur die Menschen, die lediglich einen Teil der ganzen Wahrheit sehen.

Udana | BC 63f

4
MÖGEN ALLE WESEN GLÜCKLICH SEIN

Herzensbildung

Mettā-Sutta

WEM KLAR GEWORDEN, dass der Friede
des Geistes das Ziel seines Lebens ist, der
bemühe sich um folgende Gesinnung:

Er sei stark, aufrecht und gewissenhaft,
freundlich, sanft und ohne Stolz.

Genügsam sei er, leicht befriedigt,
nicht viel geschäftig und bedürfnislos.

Die Sinne still, klar der Verstand,
nicht dreist, nicht gierig sei sein Verhalten.

Auch nicht im Kleinsten soll er sich
vergehen, wofür ihn Verständige tadeln
könnten.

Mögen alle Wesen glücklich sein
und Frieden finden!

Was es auch an lebenden Wesen gibt:
ob stark oder schwach, ob groß oder klein,
ob sichtbar oder unsichtbar, fern oder nah,
ob geworden oder werdend –
mögen sie alle glücklich sein!

Niemand betrüge oder verachte einen anderen. Aus Ärger oder Übelwollen wünsche man keinem irgendwelches Unglück.

Wie eine Mutter mit ihrem Leben ihr einziges Kind beschützt und behütet, so möge man für alle Wesen und die ganze Welt ein unbegrenzt gütiges Gemüt erwecken:

ohne Hass, ohne Feindschaft, ohne Beschränkung nach oben, nach unten und nach allen Seiten.

Im Gehen oder Stehen, im Sitzen oder Liegen entfalte man eifrig diese Gesinnung: dies nennt man Weilen im Heiligen.

Wer sich nicht an Ansichten verliert, Tugend und Einsicht gewinnt, dem Sinnengenuss nicht verhaftet ist – für den gibt es keine Geburt mehr.

Mettā-Sutta

Die zwei Wege

MEINE TAT sei weit gepriesen,
mir die Geltung, mir die Ehre!
Mir die Herrschaft über alles,
was ich will und wem ich wehre!«,
denkt der Tor und lässt sich blindlings
hin zu Gier und Hochmut leiten.

»Eine Straße führt zum Reichtum,
voller Hasten, voller Trachten;
eine andre zum Nirwana«,
weiß der Jünger des Erwachten,
freut sich nicht der eitlen Ehre,
lebt dem Glück der Einsamkeiten.

Dhammapada | HW 34

Gleichmut

Wenn ihr erkennt, dass diese oder jene Dinge schlecht und verwerflich sind, von Verständigen getadelt, und, ausgeführt oder begonnen, zum Unheil und Leiden führen, so sollt ihr sie verwerfen. Gereichen nicht Begierde, Hass und Verblendung, die im Menschen aufsteigen, ihm zum Unheil? Von Begierde, Hass und Verblendung überwältigt und eingenommen, tötet man Lebendes, nimmt man, was einem nicht gegeben ward, vergeht man sich an seines Nächsten Weib, redet man falsch, und auch andere verleitet man dazu. Gereicht einem dies nicht für lange Zeit zum Unheil und Leiden? Sind diese Dinge nicht schlecht, verwerflich? Werden sie von Verständigen nicht getadelt und führen sie nicht, ausgeführt oder begonnen, zum Unheil und Leiden?

Dagegen: frei von Begierde, Hass und Verblendung tötet man nichts Lebendes, nimmt man nichts, was einem nicht gegeben ward, vergeht man sich nicht an seines Nächsten Weib, redet man nicht falsch und verleitet auch andere nicht dazu. Gereicht einem dies nicht für lange Zeit zum Heil und Segen? Sind diese Dinge nicht gut und einwandfrei, und werden sie nicht von Verständigen gelobt? Führen sie nicht, ausgeführt oder begonnen, zum Heil und Segen?

Also von Begierde und Übelwollen frei, wahnlos, voll bewusst und besonnen, durchdringt ein edler Jünger mit gütiger Gesinnung ringsum die ganze Welt nach allen Seiten vollständig, mit gütiger, umfassender, großer, unermesslicher, friedfertiger, freundlicher Gesinnung. Ebenso durchdringt er mit Mitleid, Mitfreude und Gleichmut die ganze Welt.

LB 35

Der Wagenbauer

ES WAR EINMAL, ihr Mönche, ein König. Der sagte zu seinem Wagenbauer:

»In sechs Monaten werde ich in den Kampf ziehen. Kannst du mir denn ein paar neue Räder anfertigen?«

Der Wagenbauer antwortete:

»Jawohl, ich kann es, Herr.«

Und in der Tat, das erste Rad wurde sechs Tage vor Ablauf der Frist von sechs Monaten fertig. Der König fragte nun den Wagenbauer:

»In sechs Tagen werde ich in den Kampf ziehen. Sind die neuen Räder schon fertig?«

»Bisher habe ich, Herr, nur ein Rad fertig gestellt.«

»Kannst du mir aber in den sechs Tagen das zweite Rad noch fertig stellen?«

»Das kann ich auch, Herr.«

Und der Wagenbauer fertigte tatsächlich in sechs Tagen das zweite Rad an. Dann brachte er die zwei Räder zum König:

»Herr, beide Räder sind nun fertig.«

»Aber worin besteht der Unterschied zwischen den beiden Rädern? Ich kann ihn nicht feststellen.«

Der Wagenbauer brachte das in sechs Tagen angefertigte Rad ins Rollen. Als die Schwungkraft zu Ende war, drehte sich das Rad im Kreis und fiel dann zu Boden. Da brachte er das andere Rad, das erst in knapp sechs Monaten fertig wurde, ins Rollen. Als die Schwungkraft zu Ende war, blieb es stehen, als wäre es am Wagen befestigt gewesen. Da fragte der König:

»Warum hat sich das in sechs Tagen angefertigte Rad am Ende seiner Rollbahn im Kreis gedreht und ist zu Boden gefallen, während das andere stehengeblieben ist, als wäre es am Wagen befestigt gewesen?«

»Das Rad, das in sechs Tagen angefertigt worden ist, weist an seinen Felgen und Speichen und an seiner Nabe Unebenheiten, Fehler und Mängel auf. Gerade diese Unebenheiten, Fehler und Mängel sind die Ursache davon, dass das Rad sich im Kreis gedreht hat und zu

Boden gefallen ist. Das andere Rad weist an Felgen, Speichen und Nabe keine Unebenheiten, Fehler und Mängel auf. Deswegen ist es stehengeblieben, als wäre es am Wagen befestigt gewesen.«

So verhält es sich, ihr Mönche, mit den Mönchen und Nonnen. Solange sie an ihren Werken, Worten und Gedanken Unebenheiten, Fehler und Mängel nicht beseitigt haben, werden sie, wie das in sechs Tagen angefertigte Rad, fallen. Wer aber an seinen Werken, Worten und Gedanken Unebenheiten, Fehler und Mängel beseitigt hat, der gilt in unserer Lehre und Ordensdisziplin als gefestigt. So soll euer Streben dies sein: »Wir wollen von unseren Werken, Worten und Gedanken Unebenheiten, Fehler und Mängel entfernen.«

BC | 166 f.

Der Vollkommene, der Heilige, der Kämpfer

WENN, IHR MÖNCHE, diese drei Wesen in der Welt erstehen, erstehen sie zu vieler Menschen Heil, zu vieler Menschen Glück, aus Mitleid für die Welt, zum Segen, zum Heil und Glück für die Götter und Menschen. Welche drei?

Da ersteht, ihr Mönche, in der Welt der Vollendete, Heilige, völlig Erwachte, im Wissen und Wandel Vollkommene, der Pfadvollender, der Kenner der Welten, der Lehrer der Götter und Menschen, Buddha, der Erhabene. Er verkündet die Lehre, die gut in ihrem Anfang, gut in der Fortführung, gut in ihrer Vollendung ist und trefflich in ihrem Sinn und in ihrer äußeren Fassung. Er predigt den ganz vollkommenen, lauteren Wandel. Dies ist das erste Wesen, welches in der Welt entsteht, zu vieler Menschen Heil, Glück, aus Mitleid für die Welt, zum Segen, Heil und Glück für Götter und Menschen.

Eben dieses Lehrers Jünger ist der Heilige, der von den Einflüssen befreit ist, der seinen

Lauf vollbracht hat, der getan hat, was zu tun war, der die Bürde abgelegt und sein eigenes Ziel erreicht hat, der die Fesseln der Wiedergeburt gänzlich zerstört hat und in vollkommener Erkenntnis erlöst ist. Derselbe verkündet die Lehre wie der Buddha.

Und wiederum: Dieses Lehrers Jünger ist der Kämpfer, der auf den Pfaden fortschreitet, der Kenntnisreiche, der von sittlicher Zucht erfüllt ist. Auch dieser verkündet die Lehre wie der Buddha. Dies sind die drei Wesen, die in der Welt erstehen zum Heil für Götter und Menschen.

LB 47

Das Gleichnis vom Esel

EIN ESEL läuft hinter der Rinderherde. Plötzlich denkt er bei sich: »Auch ich bin ein Rind, auch ich bin ein Rind.« Aber er sieht nicht aus wie ein Rind, hat nicht dieselbe Stimme wie ein Rind, läuft nicht wie ein Rind. Alles, was er macht, ist, dass er eben bloß hinter der Rinderherde läuft. Dennoch denkt er bei sich: »Auch ich bin ein Rind.«

So verhält es sich auch mit dem Mönch, der nur hinter einer Gruppe von Mönchen läuft. Er mag bei sich denken: »Auch ich bin ein Mönch, auch ich bin ein Mönch«, er ist dennoch nicht so eifrig in der Beobachtung der hohen Sittlichkeitsübung wie die Mönche, er ist nicht so eifrig wie sie in der Beobachtung der hohen Geistesübung, er ist nicht so eifrig wie sie in der Beobachtung der hohen Weisheitsübung. Er läuft eben bloß hinter einer Gruppe von Mönchen, das ist alles. Und dennoch denkt er bei sich: »Auch ich bin ein Mönch.«

So soll, ihr Mönche, euer Streben dies sein:

»Wir wollen sehr eifrig sein in der Beobachtung der Sittlichkeitsübung; wir wollen sehr eifrig sein in der Beobachtung der Geistesübung; wir wollen sehr eifrig sein in der Beobachtung der Weisheitsübung.«

BC 156

Was ein Hasser auch dem Hasser,
was ein Feind dem Feind bereitet,
schlimmern Schaden schaffst du selber dir,
hast den Geist du falsch geleitet.

Nicht die Eltern, nicht die Freunde
können dich so treu bewahren
wie dein eigner Geist, der richtig
die Erkenntnisbahn gefahren.

Dhammapada | HW 23

WER DREI Eigenschaften besitzt, mit dem soll man Umgang pflegen. Welche Eigenschaften sind es? Der Mönch besitzt sie, der gibt, was es schwerfällt zu geben, der tut, was es schwerfällt zu tun, der erträgt, was es schwerfällt zu ertragen. Mit einem Freund, ihr Mönche, der diese drei Eigenschaften besitzt, soll man Umgang pflegen.

BC 129

WER VIER Eigenschaften besitzt, der soll als unedler Mensch betrachtet werden.

Der unedle Mensch enthüllt die Fehler der anderen, selbst ungefragt, geschweige denn, wenn er gefragt wird. Wenn er also ausgeforscht und befragt wird, redet er, ohne etwas auszulassen und ohne zu zögern, vollständig und ausführlich von den Fehlern der anderen.

Die Vorzüge der anderen enthüllt der unedle Mensch dagegen nicht, selbst wenn er gefragt wird, geschweige denn, wenn er nicht gefragt wird. Selbst wenn er ausgeforscht und befragt wird, redet er nur mit Auslassungen und Zögern, unvollständig und knapp von den Vorzügen der anderen.

Seine eigenen Fehler enthüllt er nicht, selbst wenn er gefragt wird, geschweige denn, wenn er nicht gefragt wird. Selbst wenn er ausgeforscht und befragt wird, redet er nur mit Auslassungen und Zögern, unvollständig und knapp von seinen eigenen Fehlern. Aber seine eigenen Vorzüge enthüllt er, selbst ungefragt, geschweige denn, wenn er gefragt wird. Wenn er also ausgeforscht und befragt wird, redet er, ohne etwas auszulassen und ohne zu zögern, vollständig und ausführlich von seinen eigenen Vorzügen.

Wer diese vier Eigenschaften besitzt, der soll als unedler Mensch betrachtet werden …

BC 97

Die Suppenkelle

DER BUDDHA hatte einen Sohn, Rāhula. Der war etwa sieben Jahre alt, als der Buddha nach seiner Erleuchtung nach Hause zurückkehrte, um auch seine Familie in der Lehre zu unterweisen. Er sah jetzt seinen Sohn zum ersten Mal, denn er hatte das Haus verlassen, als das Kind gerade geboren war, und hielt ihm nun eine private Lehrrede. Wenn ein erleuchteter Vater seinem eigenen Sohn eine Lehrrede hält, können wir wohl annehmen, dass er das Wichtigste bespricht, was er sich nur vorstellen kann. Diese Lehrrede an Rāhula handelt vom Nicht-Lügen.

Der Buddha zeigte seinem Sohn eine Suppenkelle, in der ein Tropfen Wasser war, und fragte ihn:

»Was siehst du hier in dieser Suppenkelle?«

»Ich sehe einen Tropfen Wasser.«

»So einen Tropfen, Rāhula, ist der Mensch nur wert, der lügt.« Er schüttete diesen Tropfen Wasser weg und fragte seinen Sohn, was jetzt sei.

»Jetzt hast du das Wasser weggeschüttet.«

»So wirft der Mensch, der lügt, alles weg, was gut in ihm ist.« Dann zeigte er ihm einen leeren Krug: »So leer ist der Mensch, der lügt.«

Dann drehte er den Krug um: »So ist der Mensch auf den Kopf gestellt, der lügt.« Und er fuhr fort: »Wenn jemand lügt, ist er auch zu allen anderen Schandtaten fähig. Lügen ist das Erste, das einem Menschen, der Schlechtes tun will, hochkommt.« Er machte dies mit der Suppenkelle und dem Krug anschaulich, damit es sich das Kind auch merke.

BG 173 f.

Das Eine lässt man, das Andre fasst man,
Der Laune folgt man, gefangen bleibt man,
Jetzt hier sich haltend, jetzt dorthin greifend,
Dem Affen gleich, der von Ast zu Ast
    schlüpft.

Die Ansicht, der man als der besten anhängt,
Die rühmt man in der Welt vor allem andern.
Wer nicht so lehrt, der wird als Tor verschrien.
So ist des Streitens Ende nicht zu finden.

Was jemand bei sich selbst als preiswert achtet
In Sehen, Hören, Denken oder Tugend,
Allein das wählt er, um es festzuhalten,
Und alles andre sieht er an als Torheit.

»Dies ist allein der Weg zur Reinheit«,
    spricht man.
Auf anderm Weg lässt Reinheit man
    nicht gelten.
Die Meinung, die man wählt, rühmt man
    als herrlich.
So findet Gläub'ge gar verschiedne Wahrheit.

Die Redner tauchen in der Hörer Menge,
Erklären gegenseitig sich für Toren,
Sind andrer Meinung, disputieren eifrig,
Nach Beifall gierig, nicht mit Selbstlob
  kargend.

Im Redestreit in der Versammlung Mitte
Führt man auf Beifall fahndend seine Schläge.
Trifft man auf Abwehr, ist man schlechter
  Laune,
Nimmt Tadel übel, sucht des Gegners Blöße.

Der, dessen These für besiegt erklären,
Für widerlegt des Redekampfes Richter,
Der jammert kläglich als ein Überwund'ner.
»Die Sach' ist mir missglückt«, spricht er
  voll Schmerzen …

Wer aber Glück hat und wer Beifall findet,
Wenn seine Red' er hält in der Versammlung,
Der lacht und geht einher erhobnen Hauptes,
Hat seine Sache ja nach Wunsch geführet.

Doch solcher Hochmut wird ihm zum
   Verderben,
Der Stolz und Überstolz, in dem er redet.
Dies soll man einsehn und soll Streit
   vermeiden;
Er führt – die Kund'gen wissen's – nicht zur
   Reinheit.

DRB 167 f.

Das Gleichnis vom Teich

DA STEHT EINER am Ufer eines Teiches, eines schlammigen, aufgewühlten und trüben Teiches. Seine Augen vermögen darin die verschiedenartigen Muscheln, den Sand, die Kieselsteine und die vielen Fische, die sich darin tummeln, nicht zu erkennen; und dies wegen des trüben Wassers. So ist es auch mit einem Mönch, dessen Geist verschlackt ist: Er vermag nicht sein eigenes Heil zu erkennen, noch das Heil anderer, noch das ihm und den anderen gemeinsame Heil; und er vermag nicht die außerordentliche Eigenschaft des Erkenntnisblickes zu erlangen, die der Heiligkeit fähig macht; denn sein Geist ist ja verschlackt.

Wenn einer aber am Ufer eines ungetrübten, ruhigen und klaren Teiches steht, dann vermögen seine Augen die verschiedenartigen Muscheln, den Sand, die Kieselsteine und die vielen Fische, die sich darin tummeln, zu erkennen; und dies weil das Wasser klar ist. So ist es auch mit einem Mönch, dessen Geist entschlackt ist: Er vermag sein eigenes Heil zu erkennen, sowie das Heil anderer und das Heil, das ihm und den anderen gemeinsam ist; und er vermag die außerordentliche Eigenschaft des Erkenntnisblickes zu erlangen, die der Heiligkeit fähig macht; denn sein Geist ist entschlackt.

BC 155

Das Gleichnis der Vīna

ES GIBT EINE GESCHICHTE aus der Zeit des Buddha von einem jungen Mönch, der aus sehr reichem Hause stammte und daher noch nie barfuß gegangen war. Mönche aber machen ihre Geh-Meditation barfuß, im heißen Klima ja kein Problem. Dieser Mönch war so erpicht darauf, *Nibbāna* so schnell wie irgend möglich zu erreichen, dass er in seinem Übereifer stundenlang hin- und herging. Es dauerte nicht lange, bis seine Fußsohlen ganz rau wurden, sich entzündeten, aufrissen und bluteten. Aber der Mönch ging immer weiter auf seinem Pfad auf und ab. Bis er eines Tages innehielt und zu dem Schluss kam, das Mönchsleben sei nichts für ihn.

Der Buddha hörte davon und ging diesen jungen Mönch besuchen. Er sah die Blutspuren und fragte ihn, woher sie stammten. Der Mönch antwortete: »Ich bin jetzt ein paar Monate hier und meditiere unablässig, aber erstens kann ich mich überhaupt nicht konzentrieren, und zweitens tun mir die Füße so weh, dass ich's nicht mehr aushalten kann. Ich will die Mönchsrobe wieder ablegen.« Der Buddha fragte ihn: »Als du noch im Hause deiner Eltern lebtest: hattest du da eine *vīna?** Ja? Und die hast du selber gestimmt?« – »Ja, ich habe sie selber gestimmt.« – »Wenn du die Saiten zu locker gespannt hast: hast du dann gut spielen können?« – »Nein, Herr, wenn die Saiten zu locker waren, habe ich überhaupt keinen Ton zustande gebracht.« – »Und wenn du sie zu straff gespannt hast: hat es dann gut geklungen?« – »Nein, das hat sich fürchterlich angehört.« – Buddha: »Man muss sie richtig stimmen, nicht wahr?« – »Ja, Herr, ich habe sie immer sehr gut gestimmt.« Und da verstand der Mönch, dass man auch sich selber, wie ein Musikinstrument, im genau richtigen Maß anspannen muss. Er blieb im Orden und übte weiter, nicht ganz so übertrieben, und schließlich wurde er erleuchtet.

BG 107 f.

Glückliches Leben

DER ERHABENE sprach zu Anathapindika, dem Hausvater: Es gibt, o Hausvater, vier wünschenswerte, erfreuliche und angenehme Umstände, die in der Welt schwer zu erlangen sind.

Dass man auf rechtliche Weise zu Reichtum gelangt, das ist der erste wünschenswerte, erfreuliche und angenehme Umstand, der in der Welt schwer zu erlangen ist.

Dass man, nachdem man auf rechtliche Weise zu Reichtum gelangt ist, Ehre erfährt mitsamt seinen Verwandten und Bekannten, das ist der zweite wünschenswerte, erfreuliche und angenehme Umstand, der in der Welt schwer zu erlangen ist.

Dass man, nachdem man auf rechtliche Weise zu Reichtum gelangt ist und mitsamt seinen Verwandten und Bekannten Ehre erfahren hat, ein langes Leben hat, ein hohes Alter erreicht, das ist der dritte wünschenswerte, erfreuliche und angenehme Umstand, der in der Welt schwer zu erreichen ist.

Dass man, nachdem man auf rechtliche Weise zu Reichtum gelangt ist, mitsamt seinen Verwandten und Bekannten Ehre erfahren, langes Leben gehabt und ein hohes Alter erreicht hat, beim Zerfall des Körpers, nach dem Tod, in einer himmlischen Welt wiedererscheint, das ist der vierte wünschenswerte, erfreuliche und angenehme Umstand, der in der Welt schwer zu erreichen ist.

Das sind die vier wünschenswerten, erfreulichen und angenehmen Umstände, die in der Welt schwer zu erlangen sind. Es gibt aber, o Hausvater, vier Eigenschaften, die zur Erlangung dieser vier Umstände führen, die jedoch in der Welt schwer zu erlangen sind. Es sind die Bewährung im Vertrauen, die Bewährung in der Sittlichkeit, die Bewährung in der Freigiebigkeit und die Bewährung in der Weisheit …

Der edle Jünger, o Hausvater, der sich seinen Besitz durch Einsatz seiner Kraft, durch den Fleiß seiner Hände, im Schweiß seines Angesichts, auf rechtliche, ehrliche Weise erworben hat, vollbringt damit vier gut verrichtete Werke.

Er macht sich selber damit glücklich und zufrieden, er verschafft sich ein vollkommenes Glück. Er macht Vater und Mutter glücklich und zufrieden, er verschafft ihnen ein vollkommenes Glück. Frau und Kinder, Diener und Knechte macht er glücklich und zufrieden, er verschafft ihnen ein vollkommenes Glück. Er macht Freunde und Gefährten glücklich und zufrieden, er verschafft ihnen ein vollkommenes Glück. Sein Besitz hat somit die Erfüllung dieses ersten Zweckes ermöglicht, er hat damit eine gute Verwendung gefunden und wurde zweckmäßig eingesetzt.

Mit seinem Besitz, den er durch Einsatz seiner Kraft, durch den Fleiß seiner Hände, im Schweiß seines Angesichts, auf rechtliche, ehrliche Weise erworben hat, mit diesem Besitz wendet der edle Jünger jegliches Missgeschick ab, das ihn durch Feuer oder Wasser, durch Fürsten, Diebe oder gehässige Erben treffen sollte, und schützt so seine eigene Person. Sein Besitz hat somit die Erfüllung dieses zweiten Zweckes ermöglicht, er hat damit eine gute

Verwendung gefunden und wurde zweckmäßig eingesetzt.

Und weiter noch: Mit seinem Besitz, den er durch Einsatz seiner Kraft, durch den Fleiß seiner Hände, im Schweiß seines Angesichts auf rechtliche, ehrliche Weise erworben hat, mit diesem Besitz leistet der edle Jünger fünf verschiedene Abgaben: Spenden für Verwandte, Spenden für Gäste, Spenden für Verstorbene, Abgaben an Fürsten, Spenden für die Gottheiten. Sein Besitz hat somit die Erfüllung dieses dritten Zweckes ermöglicht, er hat damit eine gute Verwendung gefunden und wurde zweckmäßig eingesetzt.

Und weiter noch: Mit seinem Besitz, den er durch Einsatz seiner Kraft, durch den Fleiß seiner Hände, im Schweiß seines Angesichts, auf rechtliche, ehrliche Weise erworben hat, mit diesem Besitz macht er den Asketen und Priestern, welche von Rausch und Nachlässigkeit frei sind, Geduld und Milde besitzen, welche einzig ihr Ich bezähmen, zur Ruhe bringen und zum Erlöschen bringen, (er macht ihnen) Geschenke, die erhabene, himmlische, glückbringende, zum Himmel führende Früchte tragen. Sein Besitz hat somit die Erfüllung dieses vierten Zweckes ermöglicht, er hat damit eine gute Verwendung gefunden und wurde zweckmäßig eingesetzt.

BC 95 f.

5
WER WEISE ZU HEISSEN IST

Rechter Lebenswandel

Nicht durch vieles Wortemachen,
wahrlich, zählst du zu den Weisen.
Wer geduldig, gütig, furchtlos,
ist ein weiser Mann zu heißen.

Nicht ob vielen Wortemachens
ist man Kenner schon der Lehre.
Wer die Lehre lebt in Taten,
kennt sie erst in ihrer Hehre.
Mag er sonst auch wenig wissen,
niemals drückt sie ihn voll Schwere.

Dhammapada | HW 100 f.

Drei Arten der Reinheit

Es gibt, ihr Mönche, drei Arten der Einheit. Welche drei? Reinheit in den Werken, Reinheit in den Worten und Reinheit in den Gedanken.

Was ist Reinheit in den Werken? Wenn einer vom Töten, Stehlen und Ehebrechen absteht, so gilt das als Reinheit in den Werken.

Was ist Reinheit in den Worten? Wenn einer von Lügen, Zutragen, Schimpfen und unbedachtem Reden absteht, so gilt das als Reinheit in den Worten.

Was ist Reinheit in den Gedanken? Wenn einer keine Habsucht und keine hasserfüllte Gesinnung hat und eine rechte Erkenntnis besitzt, so gilt das als Reinheit in den Gedanken.

BC 86

Die drei Arten des Wissens

EINES TAGES begab sich der Brahmane Tikama dorthin, wo der Erhabene weilte, und sprach vor ihm voller Lob von den Brahmanen, die die drei Arten des Wissens besitzen: »Das ist, o Gotama, ein Brahmane, er ist von seiner Mutter und von seinem Vater her reiner Geburt, bis zum siebten Ahnengeschlecht ist sein Stammbaum lauter, einwandfrei und makellos im Hinblick auf die Kastenlehre. Ein Gelehrter ist er, ein Kenner der mystischen Sprüche, ein Meister in den drei Veda-Büchern in Bezug auf ihren Wortschatz, ihr Ritual, auf die Lautkunde und Wortzerlegung und auf die Legenden, ein Kenner des Textes und der Grammatik, gelehrt in der Naturkunde und fähig, die Merkmale eines großen Mannes zu erkennen. Das ist nach den Erklärungen der Brahmanen der Priester, der die drei Arten des Wissens besitzt.«

»Wer besitzt die drei Arten des Wissens?, das erklären die Brahmanen anders als die Satzung des Heiligen.«

»Wer gilt denn in der Satzung des Heiligen als Besitzer der drei Arten des Wissens? Es wäre gut, wenn mir der Herr Gotama diesen Sachverhalt erklärte und darlegte, wer in der Satzung des Heiligen als Besitzer der drei Arten des Wissens gilt.«

»Höre dann, Brahmane, und achte auf meine Worte. Ich werde dir den Sachverhalt erklären.«

»Ja, Herr.«

Der Erhabene sprach:

»Da ist ein Mönch, vor den Sinneseindrücken abgeschirmt und von den unheilsamen Geistesinhalten befreit. Er erlangt die erste Vertiefung, welche mit dem Denken und dem Erwägen zusammenhängt, in der Abgeschiedenheit entsteht und von Verzückung und Wohlbefinden erfüllt ist; und er verweilt in ihr. Nach dem Ausschalten der Gedanken und des Überlegens erlangt er den inneren Frieden, die Einheit des Geistes, die zweite Vertiefung, welche von Denken und Erwägen frei ist, in der Konzentration des Geistes entsteht und von Verzückung und Wohlbefinden erfüllt ist; und er verweilt in ihr.

Nach Überwindung der Verzückung verweilt er mit Gleichgültigkeit, Achtsamkeit und klarem Bewusstsein. Er empfindet aber noch ein Wohlbefinden. So erlangt er die dritte Vertiefung und verweilt in ihr.

Wenn Frohsinn und Betrübtheit erlöschen, und wenn Wohlbefinden und Schmerzempfinden schwinden, erlangt er die vierte Vertiefung, die weder Leid noch Freude beinhaltet und in der völligen Reinheit von Gleichmut und Achtsamkeit besteht; und er verweilt in ihr.

Mit einem derart konzentrierten Geist, der nun geläutert, rein, unbefleckt, ungetrübt, geschmeidig, fest und unerschütterlich geworden ist, richtet er seinen Geist auf das Wissen um frühere Existenzen. Er erinnert sich somit an verschiedene frühere Existenzen: an ein Leben, an zwei Leben, an drei Leben, an vier Leben, an fünf Leben, an zehn Leben, an zwanzig Leben, an dreißig Leben, an vierzig Leben, an fünfzig Leben, an hundert Leben, an tausend Leben, an hunderttausend Leben; er erinnert sich an die Zeiten verschiedener Weltentstehungen, an die Zeiten verschiedener Weltuntergänge, an die Zeiten verschiedener Weltuntergänge und Weltentstehungen: ›Dort war ich, ich trug diesen Namen, dies war meine Familie und dies war mein Stand, ich bekam dies zu essen, ich erfuhr dieses Wohl und dieses Leid, ich erreichte solches Alter. Nach meinem Hinscheiden trat ich hier wieder ins Dasein.‹

So erinnert er sich an verschiedene frühere Existenzen mit je eigenen Merkmalen und eigenen Kennzeichen. Das ist das erste Wissen, das er erringt. Die Unwissenheit schwindet, das Wissen erwacht, das Dunkel ist zerstreut und das Licht strahlt auf, während er unermüdlich, eifrig und fest entschlossen verweilt.

Mit einem derart konzentrierten Geist, der nun geläutert, rein, unbefleckt, ungetrübt, geschmeidig, fest und unerschütterlich geworden ist, richtet er seinen Geist auf das Wissen um das Versiegen der Triebe. Er erlangt die wahre Erkenntnis: ›Dies ist das Leiden, dies ist die Entstehung des Leidens, dies ist die Aufhebung des Leidens, dies ist der Pfad zur Aufhebung des Leidens.‹ Er erlangt auch die wahre Erkenntnis: ›Dies sind die Triebe, dies ist die Entstehung der Triebe, dies ist die Aufhebung der Triebe, dies ist der Pfad zur Aufhebung der Triebe.‹ Mit dieser Erkenntnis und dieser Anschauung gerüstet, befreit sich sein Geist vom Trieb der Sinnlichkeit, vom Trieb des Daseins und vom Trieb der Unwissenheit. In diesem

Zustand der Befreiung steigt in ihm das Wissen darum, dass er nun frei ist. Nun weiß er: ›Versiegt ist die Wiedergeburt, erreicht ist der heilige Wandel; was getan werden sollte, ist getan; es gibt nichts mehr danach.‹

Das ist das dritte Wissen, das er erringt. Die Unwissenheit schwindet, das Wissen erwacht, das Dunkel ist zerstreut und das Licht strahlt auf, während er unermüdlich, eifrig sich abmüht und darin verweilt …«

BC 117 ff.

Kämpfe tapfer gegen Stumpfsinn!
Bösem Wege fernzubleiben,
folge keiner falschen Lehre.
Suche nie das eitle Treiben!

Bleibe standhaft und sei wachsam,
schreite fort in rechtem Streben.
Rechter Wandel lässt beglückt sein
jetzt und in dem nächsten Leben.

Wähle nicht die falschen Wege!
Bleibe treu dem rechten Streben!
Rechter Wandel lässt beglückt sein
jetzt und in dem nächsten Leben.

Dhammapada | HW 67

Der Brahmane Vassakara sagte zum Erhabenen: »Herr Gotama, ich will meine Meinung zum Ausdruck bringen: Wenn einer etwas gesehen hat und sagt: ›Das habe ich gesehen‹, begeht er doch nichts Schlechtes. Wer etwas gehört, empfunden, erkannt hat und sagt: ›Das habe ich gehört, empfunden, erkannt‹, begeht doch nichts Schlechtes.« – »Ich, Brahmane, sage nicht, dass man über das, was man gesehen hat, reden soll, und auch nicht, dass man darüber nicht reden soll. Desgleichen sage ich nicht, dass man über das, was man gehört, empfunden, erkannt hat, reden soll, und auch nicht, dass man darüber nicht reden soll. Man soll nicht reden über das, was man gesehen, gehört, empfunden, erkannt hat, wenn es zur Zunahme der schlechten und zur Abnahme der guten Eigenschaften führt. Wenn es aber zur Zunahme der guten und zur Abnahme der schlechten Eigenschaften führt, dann soll man über all das reden, was man gesehen, gehört, empfunden, erkannt hat.«

BC 177

Die drei Herzen

DREI SORTEN von Menschen sind in der Welt anzutreffen: der Mensch, dessen Herz einem Geschwür gleicht; der Mensch, dessen Herz dem Blitz gleicht; und der Mensch, dessen Herz dem Diamanten gleicht.

Wer ist der Mensch, dessen Herz einem Geschwür gleicht? Das ist der Mensch, der jähzornig ist und sich maßlos aufregt. Wenn man ihm auch nur das Geringste sagt, steigen in ihm Ärger und Erregung, er zeigt Verstimmung, verhält sich eigensinnig, wird zornig, hasserfüllt und misstrauisch.

Gleich einem schlimmen Geschwür, das, mit einem Span oder einer Scherbe angestoßen, noch mehr Eiter absondert, ist der Mensch, der jähzornig ist und sich maßlos aufregt. Wenn man ihm auch nur das Geringste sagt, steigen in ihm Ärger und Erregung, er zeigt Verstimmung, verhält sich eigensinnig, wird zornig, hasserfüllt und misstrauisch. Einen solchen Menschen bezeichnet man als einen, dessen Herz einem Geschwür gleicht.

Wer ist der Mensch, dessen Herz dem Blitz gleicht? Das ist der Mensch, der zur wahren Erkenntnis gelangt ist: »Dies ist das Leiden; dies ist die Entstehung des Leidens; dies ist die Aufhebung des Leidens; dies ist der Pfad zur Aufhebung des Leidens.« So wie ein Mensch, der in der Dunkelheit und der Finsternis der Nacht wandert, beim plötzlichen Aufleuchten des Blitzes mit bloßen Augen die Dinge erkennen kann, so gelangt jener Mensch zur wahren Erkenntnis: »Dies ist das Leiden; dies ist die Entstehung des Leidens; dies ist die Aufhebung des Leidens; dies ist der Pfad zur Aufhebung des Leidens.« Einen solchen Menschen bezeichnet man als einen, dessen Herz dem Blitz gleicht.

Wer ist der Mensch, dessen Herz dem Diamanten gleicht? Das ist der Mensch, der durch Versiegen der Triebe noch bei Lebzeiten die Befreiung von den Trieben, die Erlösung des Gemüts und die erlösende Weisheit erlangt; er erkennt sie und erreicht sie. So wie es nichts gibt, was der Diamant nicht scheiden könnte, weder Perlen noch Steine, so erlangt jener Mensch durch Versiegen der Triebe noch bei Lebzeiten die Befreiung von den Trieben, die Erlösung des Gemüts und die erlösende Weisheit; er erkennt sie und erreicht sie. Einen solchen Menschen bezeichnet man als einen, dessen Herz dem Diamanten gleicht.

BC 153

KLUGE REDE, der die Tat folgt,
wird nicht ohne Früchte darben,
ist wie eine Wunderblume
reich an Duft und reich an Farben.

Kluge Rede, der nicht Tat folgt,
wird dir ohne Früchte darben,
ist wie eine Wunderblume,
ohne Duft, nur reich an Farben.

Dhammapada | HW 26 f.

Auch bösen Menschen geht es gut, solange die Tat nicht ausgereift ist; doch wenn sie ausgereift ist, erblüht die böse Saat.

Auch guten Menschen geht es schlecht, solange die Tat nicht ausgereift ist; doch wenn sie ausgereift ist, erblüht die gute Saat.

LB 119

Wer einmal Böses tat, soll eine Wiederholung vermeiden und sich nicht daran freuen, denn gehäufte böse Tat bringt Leiden.

Wer dagegen Gutes tat, der soll es immer wieder tun und sich daran freuen, denn gehäufte gute Tat bringt Glück.

LB 119

Vater und Mutter

Es ist schwer, Vater und Mutter all das Gute zu vergelten, das sie einem getan haben. Würdest du auch auf einer Schulter deine Mutter und auf der anderen Schulter deinen Vater tragen und so hundert Jahre leben, würdest du auch ihnen dienen und sie salben, massieren, baden und ihre Glieder reiben, und sollten sie dabei sogar ihre Notdurft verrichten, du hättest gewiss nicht genug für deine Eltern getan. Würdest du auch deinen Eltern die Herrschaft über die weite Erde und ihre sieben Schätze übergeben, du hättest gewiss nicht genug für deine Eltern getan, du hättest ihnen nicht all das Gute vergolten. Wieso das?, magst du fragen. Viel, ja viel tun die Eltern für ihre Kinder: Sie schützen sie, ernähren sie und zeigen ihnen diese Welt.

Wer aber seine Eltern, wenn sie kein Vertrauen (zum Buddha) haben, zum Vertrauen hinführt, sie darin bestärkt und festigt: wer sie, wenn sie sittenlos sind, zur Sittlichkeit hinführt, sie darin bestärkt und festigt; wer sie, wenn sie geizig sind, zur Großzügigkeit hinführt, sie darin bestärkt und festigt; wer sie endlich, wenn sie unwissend sind, zum Wissen hinführt, sie darin bestärkt und festigt, der hat bestimmt genug für seine Eltern getan, der hat ihnen all das Gute vergolten, ja in Übermaß vergolten.

BC 92

ES GIBT EINEN viel feineren Duft als den des Weihrauchs, des Jasmins, des Sandels und des Lotus: der Duft des reinen Wandels.

Die Götter lieben den Duft des reinen Wandels mehr als den des Weihrauchs und des Sandels.

LB 116

Lass ab vom Zorn, entsage allem Stolze,
wirf ab die Fesseln alle, die dich binden!
Kannst selbst du deinen Geist und Körper
    missen,
bist du untreffbar, wird kein Leid dich finden.

Wer wie einen Wagen, der im Lauf ist,
hemmt die Zorngewalten,
ist ein Wagenlenker,
während andre nur die Zügel halten.

Durch Nichtzürnen zwing den Zorn,
den Bösen durch der Güte Klarheit,
zwing den Geizhals durch Geschenke
und den Lügner durch die Wahrheit.

Dhammapada | HW 87

Selber hilft das Selbst sich. Andrer
Helfer hat sich nie gefunden.
Bist dir selbst der beste Helfer,
hast dein Ich du überwunden.

Werde selbst, wie du die andern
gerne sähest. Mag's gelingen,
dann vielleicht bekehrst du andre.
Schwer ist's, selbst sich zu bezwingen.

HW 63 f.

Wenn du nicht Weisere oder in Weisheit Gleiche triffst, so geh den Weg allein, und lass dich nicht mit Toren ein.

Klug ist der Tor, der sich als dumm erkennt; dumm bleibt er weiterhin, wenn er sich für klug hält.

LB 116

Gelingt es dem Weisen, mit Ernst den Leichtsinn zu besiegen, so hat er der Weisheit Turm bestiegen, und schaut, selbst ohne alle Sorgen, auf die Sorgen der Welt, so als schaute er von einem hohen Berg im Tal das Gedränge.

LB 114

Wer viel von Weisheit spricht, ohne weise zu sein, gleicht einem Hirten, der sein Vieh verhandelt; er gehört nicht zu den wahrhaftig Strebenden.

Wer wenig von Weisheit spricht und dennoch weise ist, frei geworden von Gier und Hass und Unwissenheit, weder hieran noch daran sein Herz hängt, der gehört in den Kreis der wahrhaft Strebenden.

LB 113

Wer die Tore der Sinne nicht bewacht, nur das Schöne sieht, sich beim Essen nicht mäßigt, sich durch Trägheit schwächt, der wird vom Bösen umgeworfen wie vom Wind der schwache Baum. Wer die Tore der Sinne wohl bewacht, auch das Schlimme sieht, sich beim Essen mäßigt, sich nicht durch Trägheit schwächt, der bietet dem Bösen Trotz, wie das Felsgestein dem Wind.

LB 112

Wie die Biene Duft und Farbe
an der Blume selbst nicht leise
schädigt, nur vom Honig nippend,
wandle in der Welt der Weise.

Achte nicht auf fremde Fehler,
nicht auf fremdes Tun und Lassen!
Eigene Tat und eigene Säumnis
musst du fest ins Auge fassen.

Dhammapada | HW 26

Anhang

ERLÄUTERUNGEN

S. 20: Der *Geierspitzberg* ist ein Berg nahe der Stadt Rājagṛha, der Hauptstadt von Magadha, Indien (heute: Rajgir in Bihar, Indien).

S. 34 f.: Das Land *Jambudīpa* meint ein Gebiet, das die ganze bekannte Welt umfasst. Die *Länder der Mitte* sind diejenigen Regionen, in denen allein Buddhas erstehen.

S. 123 f.: Die *vīnā* ist ein indisches Musikinstrument, in etwa einer Gitarre vergleichbar, nur größer und sanfter im Klang.

QUELLENHINWEISE

BC Buddha für Christen – Eine Herausforderung. Einleitung von Erhard Meier, Textauswahl von Adel Theodor Khoury. Verlag Herder, Freiburg im Breisgau 1986

BG Ayya Khema, Buddha ohne Geheimnis – Die Lehre im Alltag. © 1986, 2008 Theseus in J. Kamphausen Verlag & Distribution GmbH, Bielefeld

DRB Die Reden des Buddha – Lehre, Verse, Erzählungen. Übersetzt und eingeleitet von Hermann Oldenberg. Mit einer Einführung hg. von Heinz Bechert. Verlag Herder, Freiburg im Breisgau 1993 © Kurt Wolff-Verlag, München 1922

EM Erhard Meier, Kleine Einführung in den Buddhismus. Verlag Herder, Freiburg im Breisgau 1984

HW Gautama Buddha, Das Hohe Lied der Wahrheit – Dhammapada. Übertragen von Hans Much. Verlag Herder, Freiburg im Breisgau 1992

JL Hier zitiert nach: Juwel des Lebens – Buddhas erleuchtetes Erbarmen. Aus dem Lotos-Sutra von Margareta von Borsig. Verlag Herder, Freiburg im Breisgau 1986. Vollständige Übersetzung: Lotos-Sutra. Das große Erleuchtungsbuch des Buddhismus. Übersetzt von Margareta von Borsig. Verlag Herder, Freiburg im Breisgau 2003, Neuausgabe 2009

LB Lebensweisheit des Buddhismus. Hg. von Erhard Meier. Verlag Herder, Freiburg im Breisgau 1985

RB Reden des Buddha – Eine Auswahl. Aus dem Palikanon übersetzt von Ilse-Lore Gunsser, mit einer Einleitung von Helmuth von Glasenapp. © 1957 Philip Reclam jun. GmbH & Co. KG, Stuttgart

INHALTSVERZEICHNIS

Einleitung — 7

1 Buddha – Der Erwachte — 13
   Die Seligpreisungen des Buddha — 14
   Der Löwenruf — 14
   Des Wissens Glanz — 17
   Die Buddhaschaft — 19
   Der Wegweiser — 21
   Wenn jemand meine Lehre schmäht — 23
   Die zehn Mönchsgebote — 24
   Die vier edlen Wahrheiten — 25
   Der Rinderhirt — 27
   Der Weg der Mitte — 32
   Der Jünger des Buddha — 34
   Die Vielen und die Wenigen — 34
   Ein einziger Tag — 38
   Das Gleichnis vom Feuer — 38
   Wenige gute Worte meistern — 41
   Buddha und die Welt — 42
   Die Erlangung der Buddhaschaft — 45
   Die letzten Worte des Buddha — 53

2 Sich zum Wesen neigen – Versenkung   55
Weg der Versenkung   56
Der achtfache Pfad   57
Lob des Wortes tiefen Sinns   60
Werden und Vergehen   60
Der höchste Gewinn   61
Weg der Befreiung   61
Die fünf Hemmungen   62
Nirvana   64
Es gibt ein Ungewordenes   64
Nicht-Hass   65
Wie eine Wasserblase   65
Den Fluss überqueren   66
Seelenruhe   69

3 Befreiung – Weg und Wahrheit   71
Die vier edlen Wahrheiten   72
Ein edler Hörer der Wahrheiten   75
Alle Wesen scheun Bedrückung   77
Geistlich will ich alle nennen   77
Ende allen Kummers   78
Nicht das Ich   79
Die vier Unermesslichkeiten   80
Das Vergehen des Leidens   84

Trauer um Vergängliches	85
Brunnenbauer	87
Die entscheidenden Fragen	87
Denken regelt das Geschick	90
Die Wurzeln von Heil und Unheil	91
Alter und Tod	95
Die Blindgeborenen und der Elefant	96

4 *Mögen alle Wesen glücklich sein – Herzensbildung* — 101

Mettā-Sutta	102
Die zwei Wege	104
Gleichmut	105
Der Wagenbauer	107
Der Vollkommene, der Heilige, der Kämpfer	110
Das Gleichnis vom Esel	112
Hast den Geist du falsch geleitet	113
Der wahre Freund	114
Der unedle Mensch	114
Die Suppenkelle	116
Dem Affen gleich	118
Das Gleichnis vom Teich	121

Das Gleichnis von der Vīna	123
Glückliches Leben	125

5 *Wer weise zu heißen ist –*
Rechter Lebenswandel — 131

Wer die Lehre lebt in Taten	132
Drei Arten der Reinheit	132
Die drei Arten des Wissens	133
Kämpfe tapfer gegen Stumpfsinn!	139
Reden und schweigen	140
Die drei Herzen	141
Kluge Rede, der die Tat folgt	143
Auch bösen Menschen geht es gut	144
Wer einmal Böses tat	144
Vater und Mutter	145
Der Duft des reinen Wandels	146
Lass ab vom Zorn!	147
Selber hilft das Selbst sich	148
Klug ist der Tor	148
Gelingt es dem Weisen	149
Wer viel von Weisheit spricht	149
Die Tore der Sinne	150
Wie die Biene	150

Augenblicke der

Gautama Buddha
Worte lebendiger Stille
160 Seiten | Paperback
ISBN 978-3-451-07132-4

Thich Nhat Hanh
**Auf dem Weg
der Achtsamkeit**
128 Seiten | Paperback
ISBN 978-3-451-07101-0

In jeder Buchhandlungen

HERDER
Lesen ist Leben

Achtsamkeit

Thich Nhat Hanh
Fünf Pfade zum Glück
96 Seiten | Paperback
ISBN 978-3-451-07098-3

Dalai Lama
Das Herz der Liebe
112 Seiten | Paperback
ISBN 978-3-451-07099-0

HERDER
Lesen ist Leben

www.herder.de

HERDER spektrum Band 7132

MIX
Papier aus verantwortungsvollen Quellen
FSC® C106847

Überarbeitete Neuausgabe

© Verlag Herder GmbH, Freiburg im Breisgau 2012
Alle Rechte vorbehalten
www.herder.de

Umschlagkonzeption und -gestaltung:
Agentur R ·M · E: Eschlbeck / Hanel / Gober
Umschlagmotiv: © Getty Images
Vignetten im Innenteil: © Designbüro Gestaltungssaal
Sabine Hanel, Alexandra Gober

Herstellung: fgb · freiburger graphische betriebe
www.fbg.de

Printed in Germany

ISBN 978-3-451-07132-4